サッカーを楽しむ心を育てて勝つ

京都精華学園高校のマネジメント術

京都精華学園高校女子サッカー部監督
越智健一郎

笑顔でサッカーして何が悪い(笑)

〈はじめに〉

次のステージで通用するために。社会に出ても恥じないように。

スポーツを通じて、こんな言葉をよく耳にします。

他者より遅れていることはマイナスで、他者より進んでいることがプラスであるように捉えられていますが、子どもたちは皆同じではありません。それぞれ違いを持ち合わせています。

子どもに限らず、人間というのは、他者と同じことをしている時は安心を感じ、違うことにチャレンジすると不安に襲われます。おのずと安心や安定を求め、危険や不安を遠ざけようとするものです。

そのような人間の性質を理解した上で「どのように指導すればいいのだろう?」と考えるのが、我々指導者の役割だと思います。

今日は何人組のトレーニングが良いのだろう?

いまは全体に伝えた方が良いのか、個別の方が良いのか?

そのようにして、グループの人数や伝え方を変えるだけで、トレーニングがさらに良いものになったり、伝えたいことがバッチリと相手の胸に刻まれることがあります。

サッカーは11人でするスポーツですが、我々のトレーニングの8割は4人以下の設定で行っています。

心理学に『リンゲルマン効果』という現象があります。これは『綱引き理論』や『社会的手抜き』とも称されるもので、人間は集団で物事を行う際、人数が増加するごとに、一人あたりのパフォーマンスが低下するという現象です。

ついつい誰かに頼ってしまう。きっと誰かがやってくれるだろう……。そうならないために、手が抜けない、抜いたらバレる（笑）状況でトレーニングをします。

そこで「お前たちは甘い！」「もっとやる気を出しなさい！」とお説教をするのではなく、少人数にしてやらざるを得ない状況を設定するだけで、こちらが狙ったとおりの現象が出現します。

これが越智の「仕掛け」です。

思春期真っ只中の、日替わり定食のように変化を繰り返す子どもたちを、常に成長させ、結果を出すための方程式など存在しません。

だからこそ、日々のちょっとした変化を読み取り「いまはどんなアプローチが有効なのか?」と試行錯誤しながら、子どもたちと向き合って行くことが大切なのではないか。

そう気づいてから、多くの勝利や結果を得ることができたのも事実です。ともあれ、個別のアプローチに満足していては、移り変わりの早い世の中と、子どもたちの心を掌握することはできません。

答えのない、あくなき追求に対し、我々大人が安心や安定に浸かっている暇はないのです。


ちょっと付け加えてみる。

ちょっと待ってみる。

いつもと違う手法を使ってみる。


予定調和に甘えることなく、子どもたちに対して徹底的に、個別にアプローチをすることで、強固な集団を脅かすほどの成長を遂げることがあります。

この本は、素晴らしい栄冠を勝ち取った名将が書き上げた本ではございません。

僕は自分のことを名将ではなく、迷将だと思っています。

この子たちを成長させるには、どうすればいいのだろう？

常に考え、迷い、向き合ってきました。

そのすべてを、この本に書いたつもりです。

この本を通じて、一人でも多くの子どもがにっこりと笑うシーンが増えることを望んでいます。

そして、その笑顔をもたらすのは我々大人なのだという責任感なんて大層なものではなく、楽しみを持って、子どもたちの前に立ちましょう。

普段、子どもたちに対して行っているアプローチに「ちょっとした」エッセンスを加えてみて下さい。きっと、何かが変わるはずです。

それが、あなたの「仕掛け」なのです。

目次

第2章 越智がしてきた数々の「仕掛け」

第3章 サッカーもビジネスも「ベースは同じ」

第4章 影響を受けた「スゴイ」指導者

第5章 子どもを伸ばす「越智流コミュニケーション術」

第6章 関係者が語る「京都精華」のサッカーとは？

構成：鈴木智之
カバー写真：中村美穂
装幀・本文組版：水木良太
編集：柴田洋史（竹書房）

第1章

笑顔で楽しくサッカーをする「京都精華スタイル」

サッカーが好きでいられる指導をする

僕がメインで指導しているのが、京都精華学園高等学校女子サッカー部です。（以下、京都精華）。高校としての歴史は古く、１９０５年に女学校として創設されました。２０１６年に共学化し、現在は中高の男女サッカー部が同じグラウンドで練習をしています。

入部に際して、セレクションはありません。入学すれば、誰でも入ることができます。なかには小学生の時にサッカーをしていたけど、中学では他のスポーツをし、高校入学を機に、再びサッカーをしたくなって入ってきてくれる子もいます。

部員は毎年、1学年15人前後。3学年で50人程度です。高校には普通科（進学コース）の中に、幼児教育、看護・医療系、パティシエ、吹奏楽、スポーツを専門に学ぶことができるコースがあり、どのコースの子でもサッカー部に入部することができます。付属の中学校があるので、そこから入ってくる子も毎年何人かいます。

京都精華には寮がなく、サッカー部の入部条件に「親元から通えて、通学時間が90分以内」という出願資格があります。そのため、越境入学は現実的ではありませんが、なかには「京都精華に入りたい！」という強い希望があり、保護者と一緒に引っ越してくる子もいます。

ジュニアユースクラブの指導者から「キミは京都精華に合っているから、行ってみたら」と

サッカー部に入部してくれた生徒たちには、
いつまでもサッカーが大好きでいられるようにという思いで指導しています

言われて来る子もいます。

うちに来る子のスタンスとして「なでしこリーガーになりたい！」「なでしこジャパンに入りたい！」という強い気持ちを持つ子は、ほとんどいません。そういう子は、関西圏であれば日ノ本学園（兵庫）や大商学園（大阪）を選びます（笑）。

それよりも、サッカーを楽しみたい、サッカーだけでなく、他の勉強もしたいという子が、うちを選んで来てくれます。僕としても、好きで始めたサッカーをいつも楽しく笑顔でプレーすること。心も体も傷つくことなく、いつまでもサッカーが大好きでいられるようにという思いで指導にあたっているので、サッカー一辺倒になった結果、燃え尽き症候群のようにはならないようにと気をつけています。その中で全国大会を目指し、最終的に全国優勝を達成できるように、日々取り組んでいます。

さらにコツコツ勉強して、国公立の大学に行く子も多く、サッカーと勉強を両立させています。サッカーをさらに高いレベルでプレーしたい子は、関東大学サッカーリーグに所属する大学へ、推薦入学で進む子もいます。

技術と判断に特化したトレーニング

日々の練習は学校の人工芝グラウンドで行っています。グラウンドは60メートル×50メートルと少し狭く、男女高校サッカー部、男女中学サッカー部とシェアして使っています。フルコートのサイズでは練習できませんが、狭いと感じたことはありません。むしろそれを逆手に取り、狭い中で強度の高いトレーニングができると思っています。

練習は朝と放課後の二部制で、朝は1時間、放課後は1時間半ほどです。全国上位を目指している学校にしては、練習時間は少ない方だと思います。サッカーだけをするのではなく、学校生活に重きを置いているので、練習は短い時間で集中してやることを心がけています。練習後、勉強をしたり、友達と遊びに行ったり、スタバに寄り道するのも青春の1ページとして大切なこと。ずっとサッカーばかりだと、心も体も疲れてしまいますし、トレーニング効率も上がりません。「サッカー＝人生」ではなく、学校生活、友達、プライベートなどがあり、人生の一環としてのサッカーです。それもあって、年間のオフは90日程度あります。サッカーをしすぎて怪我をする、サッカーが嫌になることがないように配慮して運営しています。

練習内容は個人の技術と判断に特化し、個を伸ばすトレーニングをしています。具体的には身体操作の体操から始まり、リフティングやボールタッチなどをして、「2メン」という

2人1組で行うドリブルとパス交換。そしてゲーム形式のトレーニングをします。ドリブルに関しては、ドリブル指導で有名な三木利章さん（AC.gloria girls 監督）に月に1回、来てもらっています。2019年度は、Jクラブの監督や日本代表のコーチを務めたこともある大木武さん（現ロアッソ熊本監督）がフリーだったので、臨時コーチとして指導をしてもらっていました。

越智だけの視点でなく、様々な分野のスペシャリストに見てもらうことは、子どもたちにとっても良い影響があると思います。多様な考えに触れることで、人間的な幅も広がります。

高校時代にサッカーに打ち込むとなると、どうしても閉ざされた人間関係になりがちです。価値観も凝り固まってしまいます。選手たちを洗脳するのであれば、それでもいいのかもしれませんが（笑）、成長過程の子どもたちには、色々な大人とコミュニケーションをとることで、世界を広げてほしいと思っているので、たくさんの方々に関わってもらっています。

精華スタイルを作る「2メン」トレーニング

「2メン」は2人1組でするトレーニングです。ボールは通常の5号球に加え、3号球の大きさで5号球の重さがあるものも使用します。これは入学時に1人1個購入します。なぜ、大きさと重さが通常のボールと違うものを使うのか。それは脳に刺激を与えるためです。普段とは異なる刺激を脳に与え、技術習得のスピードをアップさせます。

1人1個、自分専用のボールを持つと、愛着がわきますし、失くすこともありません。これがチーム全体のボールになると、練習後に1つ足りなくなっても気がつかず、そのまま失くしてしまうこともあります。各自がボールに目標を書いているので、それがモチベーションにもなっているようです。

2メンのトレーニングは20数種類あります。ポイントは「両足のインサイド、アウトサイドなど、様々な部位を使うこと」と「ゆっくりやること」です。パス交換をするときも、パススピードを出さないようにします。「パススピードを上げろ！」というコーチの声を聞いたことのある人は多いと思いますが「ゆっくりパスを出そう」と言うコーチはほとんどいないでしょう。

高校入学までサッカーをしてきた子であれば、ボールを強く蹴ること、速くパスを出すことは、ある程度はできます。例えば、「強いボールを蹴ってシュートを決めよう」と言うと、多くの人ができます。でも「ゆっくりとしたボールを蹴って、ゴールポストの直前で止めよう」と言うと、できる人はほぼいません。つまり、強く蹴るより、ゆるいボールを蹴ることのほうが難しいんです。より繊細なボールフィーリング、ボールタッチが求められるので。

駐車場も立派な練習場。狭いスペースで行うリフティングや
繊細なボールタッチの練習は京都精華スタイルの肝

繊細なボールタッチとしなやかな身のこなしができるようになるために、日頃からリフティングや身体操作のトレーニング、2メンの練習に取り組んでいるのです。

アウトサイドを多用する

2メンをすると、試合で必要な技術が自然と身につくのですが、こだわっていることのひとつに「アウトサイドを多用する」ことがあります。京都精華に来る子は、日ノ本学園や大商学園の子たちと違って、身体能力に優れた子はあまりいません。全国大会で戦うライバルである彼女たちに勝つためには、同じことをしていてもダメなんです。身体能力に差があるので、相手と同じ土俵で戦うと、こちらの方が分が悪くなってしまいます。

真っ向勝負を挑むと不利なので、相手に対して背を向けたり、横を向いたりするわけです。そこでポイントになるのが、アウトサイドを使うことです。例えば、相手選手を背負った状態でターンをするときに、インサイドでボールを動かすと、体がインサイドの方を向いているので、相手に動きを読まれてしまいます。スピードや体格に勝る相手に、進みたい方向を知られてしまうと、体を入れられて奪われる可能性が高くなります。

パスも同じで、インサイドで出すパスは、どこに飛んでいくかがわかりやすいです。体の向きとボールが飛ぶ方向が同じなので、相手からすると「ここに来るぞ」と予想しやすいのです。

しかし、アウトサイドは違います。パスであっても、足首の角度、足の振り方で多種多様なボールを蹴ることができますし、相手からすると予想がしづらくなります。

相手を背負った状態でボールをキープするときも、アウトサイドでボールに触ってドリブルをするほうが、インサイドで触るよりもプレーの選択肢が増え、相手に読まれにくくなります。そのような理由から、精華の選手たちは、右利きの選手であっても左足のアウトサイドで自在にボールを扱うことができるように、繰り返し練習をします。

とはいえ、アウトサイドの練習の際に、選手たちに事細かく「アウトサイドを使う理由はこうで……」と説明することはありません。言葉で言うのではなく、その練習をしていると、自然と身についていくのが理想です。

その源になるのが、海外サッカーなど、トップレベルの選手のプレーを見ること。海外の一流選手のプレーを見て「こういうプレーができるようになってほしいな」と思うところから始まり、「そのためには、どんな練習をすればいいんだろう?」と考えます。そして、それを練習メニューの中に組み込み、子どもたちが知らず知らずのうちに身につけていくように仕向けるのです。

「フェイクバック」でボールを流す

「2メン」を始めとする、技術を高めるトレーニングは、聖和学園（宮城）の国井精一先生の練習からヒントをもらいました。それを元に改良して、精華の選手たちに合ったもの、必要なものを取り入れて、現在に至ります。

サッカーで上手くプレーするためには、自分とボールとプレースピードに一体感を作ることがポイントです。そのためには、ボールタッチに強弱をつけることが大事だと思います。自分のイメージした通りにしなやかに体を動かすことで、状況にあったボールタッチをすることができ、接触プレーなどでも怪我をしずらくなります。

最近の高校サッカーを見ていると「パスは速く出す」「ボールは強く蹴る」という風潮が見られます。でも僕は「ボールの強弱」にこそ、プレーの成功、失敗につながる要素があると思っています。だから、選手たちが強いパスだけでなく、ゆっくりとしたパスも出せるように、トレーニングの中に組み込んでいるのです。

試合を見ているとよくあるのが、最終ラインの裏に出したスルーパスが、ゴールキーパーに捕られる場面です。それは僕からすると最悪です。スルーパスがゴールラインを割るなど、もってのほか。そのパススピード、ボールの回転にこだわれば、シュートまで持ち込むことができたのに！と歯噛みしてしまいます。

とくに高校サッカーを見ていると、どんな場面でも強いパスを出す傾向が強いように感じます。ゴルフに例えると、グリーンに乗っているのにドライバーを振り回しているようなもの。状況に応じて必要な技術があるので、ゴール前のスルーパスであれば、パターを使って狙ったところへ通す方がいいですよね。とくに男子の高校サッカーは、ドライバーの練習ばかりをしているように見えます。精華はアイアンやピッチングウェッジ、パターなど、状況に応じた技術を発揮するためにトレーニングをしています。

わざとゆるいパスを出して、相手を食いつかせることは、トップレベルの選手はよくやるプレーです。パススピードが遅いと、相手に取られると思うかもしれませんが、球際の競り合いでボールに触らずに一度流して、体の向きを変えてマイボールにするといった練習もしています。

それが「フェイクバック」という技です。いわゆるアウトサイドターンのような動きなのですが、慣れない選手がやると足首をひねってしまうので、そうならないようにボールを流してターンする練習を繰り返して行っています。

プレーの考え方としては、リアクションです。緩いパスを出して、相手が奪いに来たら足元に止めずに、体をしなやかに動かして向きを変えてボールを流すとか、常に保険をかけています。うまくいかないとき、失敗したときにどうリカバリーするかも考えて、準備しているわけです。

アウトサイドでボールを触ることも同じです。ボールを持った状態で、相手に背後からプレッシャーをかけられているのであれば、相手を自分から見て斜め後ろに誘います。真後ろではなく、斜め後ろに相手を誘うと、角度がついているので入れ替わりやすいのです。そこで右に行くと見せかけて、左足のアウトサイドでボールをコントロールして入れ替わります。相手からすると、右利きの選手が左足のアウトサイドでターンをするとは思わないので、意表をつくことができます。

このプレーのポイントは「相手を斜め後ろにおびき寄せること」です。そうすると相手をひっくり返すことができるんです。とくにサイドの選手に有効です。斜め後ろからプレッシャーをかけられてもあわてず、ボールに触らずに前を向く技や「股抜きの軸足変え」などの技があります。興味のある方は、ぜひ練習を見に来てください（笑）。

普段、サッカーの試合を見ていると「こういうプレーは必要だな」とイメージが湧きます。シャビやイニエスタを見ていて「なんで相手は飛び込めないんだろう」「なんで相手に囲まれても、簡単に前を向けるんだろう」と研究しています。トップレベルの選手のプレーが教科書です。

バルセロナの試合やイニエスタのプレーを見て「すごいな〜」と驚いて終わるのではなく、彼らも同じ人間なので、脳の中をイメージして、体の動きを見て「このタイミングで体を半回転させているんだ」『だから、球際の競り合いで力を入れなくてもマイボールにできるんだ』などと分析をして「２メン」に入れることで自然と身についていきます。２メンは武道でいうところの体さばきの訓練のようなもので、僕にとっては神トレーニングです。

あえてグラウンドの端にいる子に声をかける

２メンやリフティング、身体操作性を高めるダンスなど、精華にはルーティーンとして取り入れている練習があります。リフティングはともすれば単調な練習になりがちなので、そこでひと工夫します。あえて、グラウンドの端にいる子の名前を呼んで、失敗したら「〇〇（選手の名前）、残念」「ナイス！」などの声をかけます。そうすると、グラウンドの端でリフティングをしている子であっても「監督に見られているんだな」と思うし、端を見ているということは、全員を見ているんだろうと思いますよね。そう錯覚させることで、選手たちの集中力とモチベーションをアップさせるわけです（笑）。

ほかにも、リフティングをしている最中に、意味もなく「あと2分!」などと大きな声で言います。そうすると選手は「これって何かのテスト?」「あと2分で全部のメニューをしなくちゃいけないの?」と勝手に考えて、やり始める。こういう小さい仕掛けは、練習中も日常生活にも入れています。

よく高校サッカーの監督さんで「集合!」と言って選手を集めて、延々と話をする人がいますよね。選手に話をして「わかったか?」と聞くと、選手は「はい!」と答える。でも、実際は全然頭に入っていないというか、聞いてはいるかもしれないけど、聞き入れてはいないですよね。結果、指導者の自己満足で終わり、選手の成長にはつながらない。「わかったか?」「はい!」の予定調和。これには、なんの意味もありません。

選手には、個別に言わないと聞き入れてもらえません。みんなの前で、全体に向かって言っても、自分ごとだとはとらえてくれない。だから僕は練習中、グラウンドを歩き回って、選手全員を個別に見て、いじり倒します。そうすると、言われた子だけでなく、その周りにいる子にも波及していくので、子どもたちの心の中に入りやすくなるのです。

僕の指導の肝は、コミュニケーションです。子どもたちとの関係性づくり、声かけの内容にはとても重きを置いています。それがすべてと言ってもいいほどに。

いわゆる学校の先生と生徒、学校の部活動のあり方からは、かけ離れていると思います。

少し前に流行った『ブラック心理学』という本がありますが、あのような感じです（笑）。だから、全国大会の上位に進むチームの練習はどんな雰囲気なんだろう？　どんな監督なんだろう？　と練習を見に来られたら、きっと面食らうと思います。そこが京都精華の魅力でもあり、他との違いなのかもしれません。

こういうと偉そうに聞こえるかもしれませんが、高校の部活というと、大人がトップダウンをして、子どもたちにやらせるチームがほとんどですよね。高校までは大人の管理下でスケジュールが決められ、勉強もスポーツも〝やらされる〟感が強いと思います。でも、高校を卒業して大学や専門学校に行ったり、就職するとなると、一気に強制がとれて放任、自主管理、自己責任になります。

大人に締め付けられた高校3年間を経て、開放されたときに何をするかというと、髪の毛を染めたりして弾けるか、何をしていいかわからなくなるかのいずれかではないでしょうか。高校を卒業した先に訪れる、自主管理や自己責任の考え方を、高校時代に体験してほしいと思っているので、このスタンスの指導に落ち着きました。

この考え方はボトムアップ理論で有名な畑喜美夫氏との交流からヒントを得ました。私たちの取り組みはボトムアップとは少し違いますが、「子どもたちの主体性を引き出す」という意味では大いに参考にさせてもらっています。

大学や専門学校に進学する、あるいは就職など社会に出ていく中で必要になるスケジュール管理やタイムマネジメント、休むことの大切さなども教えています。だから、精華の子たちが大学に行っても、大きく崩れることはないと思います。と、この本を読んでくれているOBや現役生にプレッシャーをかけています（笑）。

練習の雰囲気作りに神経を注ぐ

僕はサッカーの指導者ですが、コーチというよりも、練習の雰囲気を管理するオーガナイザーというか、コーディネーターの色が強いと思います。なので、グラウンドには練習が始まる最初から、選手が帰る最後までいるようにしています。

そこでするのは、時間と空間の管理です。子どもたちが、グラウンドにいるのが楽しい、仲間と話すのが楽しいという雰囲気をキープできるように、見ていないようで実は見ているという素振りをしています。

生活がサッカー一色になると、きっとサッカーが嫌になってしまうはずです。いくらカレーが大好きでも、毎日食べさせると、もういいや、お腹いっぱいとなってしまいますよね。ましてや高校生はサッカー以外にも勉強したり、恋をしたりと忙しいわけです。練習を90分程度で終わらせるのも、サッカー以外の時間も大切にしてほしいから。「このあとスタバに行ける」「カラオケに行く予定がある」となると、サッカーも目一杯、全力で楽しもうという気持ちになると思うんです。大人でも同じじゃないですか。「この仕事が終われば飲みに行ける！」と思うと、ラストスパートがかけられますよね（笑）。

子どもたちに「今日の部活、行きたくないなぁ」「ダルいなぁ」と思わせたら、指導者の負けです。これは、声を大にして言いたいです。練習の雰囲気が悪いのを「やる気がない」「たるんでいる」などと言って、子どもたちに責任転嫁するのは最悪。それは指導者の雰囲気作りが下手なだけなのです。

オンとオフの切り替えをする

精華の練習を見に来ていただけるとわかると思いますが、ゲーム形式の練習の合間に、休憩している選手同士で笑いながら話をしていることがあります。下級生が上級生のプレーを見ないで談笑している姿を見ると、異様な光景に映るでしょう。他の強豪校では、まずありえない雰囲気です。

でも僕は、それでいいと思っています。大事なのはグラウンドの中に入ったときに、集中

子どもたちが、グラウンドで仲間と一緒にサッカーするのが楽しいという
雰囲気を管理するのが僕の一番の仕事

して最大限の力を発揮してプレーすること。そのスイッチさえ入れてくれれば、練習の合間に馬鹿話をしていようと、とがめることはありません。むしろ、どんな話をしているんだろうと聞き耳を立てて、少しでも気の抜けたプレーをしたら、その話題を使っていじってやろうと画策しています（笑）。

指導者を始めた頃の僕は、そのような場面を見かけたら「話してないで、ちゃんと先輩のプレーを見なさい」と怒っていました。いま思うと、指導している風を装っていただけなのかもしれません。当時はクラブチームで教えていたので「月謝をもらっている以上、ちゃんとしなければいけない。結果を出さなければいけない」という気持ちが強く、余裕がありませんでした。それが日々の言動にも出ていたように思います。そこで、色々な恩師と呼べる人との出会いがあり、自分の考えを変えていけたのが良かったと思います。

指導者は王様ではない

とくに若い指導者や「サッカーを教えたい！」という気持ちが強い人は「自分の言うことが正しい」という考えになりがちです。いわば、指導者が王様になって、家来の子どもたちにプレーさせるという図式です。ただ、それだと選手は楽しくプレーできませんし、結果として上手くもなりません。なぜならそれは、指導者にサッカーをやらされている状態だからです。

指導者が王様になって、子どもたちにガンガンやらせるのではなく、サッカー以外にもいろいろな経験をさせることで、人間的な土台を作る。その土台にサッカーの技術、戦術を上積みしていくからこそ、サッカーでもさらに上の舞台に行けるという順番だと思います。その順番を間違えると、選手も楽しくない、上手くならない、結果も出ないという悪循環に陥ってしまうので注意が必要です。昔の僕のように。

精華を卒業して、大学や専門学校に進む中で、サッカーを辞めてしまう子もいます。看護の資格を取るための勉強で忙しかったり、進学した大学にサッカー部がなかったりという子が半分ぐらいいます。もちろん、強豪大学に進み、サッカーを続けてなでしこリーグ入りを目指す子もいます。僕は全員が全員、進学先でサッカーを続けなくてもいいと思っています。

サッカーに燃え尽きるぐらいなら、遊びでサッカーやフットサルを楽しんで、サッカーが好きで上手な女性でいてほしいと思っています。そういう子が結婚して子どもができたら、サッカーをさせてほしい。サッカーがうまいお母さんって、子どもからすると自慢できますよね。そうやってサッカーの輪が広がっていくことが、サッカーが文化になるということなのだと思います。

勝つために守備を徹底して教える

京都精華のサッカーを見たことのある人は、テクニカルな攻撃サッカーが精華スタイルだと思っているようです。それは越智の思うつぼです（笑）。

普段、選手たちには、試合に勝つために守備のことばかり言っています。試合に勝とうと思ったら、ディフェンスが一番大切です。でも練習を見る限りでは、ディフェンスのことをしているようには見えません。リフティングや2メン、ボール回し、ゲーム形式など、すべて攻撃のことについて取り組んでいるように見えると思います。

でも、試合をよく見てもらえるとわかると思いますが、精華の子たちは球際の競り合いに強く、相手からボールを奪う、ボールを守るプレーに長けています。それは身体操作のトレーニングや、浮き球を扱うためのリフティング、ボールと自分の体のスピードを合わせる、2メンをしているからなのです。これが精華スタイルの秘密です。

ちなみに、ボールを奪うための足の入れ方やスライディングの仕方、シュートブロックで右足を出すか、左足を出すかもしっかりと教えます。

僕が思うディフェンスは、相手からボールを奪うことです。そして、マイボールを相手から守ること。全国大会の上位を争う日ノ本学園や大商学園と試合をすると、相手にボールを持たれる時間が長くなります。その状況でゴールを守る守備をしていると、いつかゴールを割られてしまいます。

なので、ゴールを守るというよりは、ボールを奪うことを守備の目的としています。他のチームであれば、「守備のときは縦のコースを切って、相手に寄せる」で終わるところを、もう一歩、相手に寄せる。ハイプレッシャーをかけます。そして、ためらわずに相手とボールに触ります。

強いチームと試合をしても大怪我しないのは、京都精華の選手たちはボールを離すタイミングをわかっているからだと思います。接触プレーはしに行くけど、相手にはされない。大切なのは、その距離感を身につけることです。何度も言いますが、サッカーも人間関係も、距離感が大事なのです。

ゲーム形式の練習でビブスをつけない

ゲーム形式の練習をしていると、初見の人に驚かれることがあります。なぜかというと、ビブスを着ている選手が誰もいないからです。

ビブスを着ずに5対5や6対6、8対8などのゲーム形式をするのですが、外から見ているよりも難しいです。ビブスがあれば、色で瞬時に敵か味方かを見分けられますが、全員バラバラのものを着ているので、事前に、どこに誰がいるかを見ておかなければいけませんし、素早く判断することも求められます。選手の入れ替えもあるので、常に頭と体がフル回転しています。

Bチームも同じ設定で練習しますが、ルールを少しずつ変えながら刺激を入れていきます。「シュートはワンタッチで打つ」「シュートの前のパスはワンタッチでないといけない」「しりとりをしながらパスをつなぐ」とか。そうすると笑いも出て、楽しく練習できますし、知らず知らずのうちに頭の中も鍛えられています。これも仕掛けです。

波及効果を計算する

練習の最後に行うゲーム形式では、AチームとBチームを分けて行っています。練習の締めくくりになる30分間なので、Aチームには楽しさの中にも真剣さを求めますが、BチームにAと同じ真剣さ、強度を求めるのは違うと思うので、Bの子たちは楽しそうに、キャッキャ言いながらプレーしています。

そこで「おまえら、何笑ってんだ！　だからBチームなんだよ！　もっと真剣にやれ！」み

ビブスを着ないでゲームをすることで、どこに誰がいるかを常に確認し、
素早く判断することが鍛えられる

たいなことを言うと、子どもたちは途端に面白くなくなります。

言葉でそれを言っても逆効果なので、Ｂの様子を横目で見ながら、時折２人ほどＢから呼んで、Ａに入れます。そうすると、Ｂの空気がガラッと変わるんです。「私じゃなくて、あの子が呼ばれたんだ」と。

あらかじめＡチームのメンバーをマグネットで貼って、見せる方法もありますが、最初から見せると「私はＢか」と思うだけですが、練習の途中で呼ぶことで、Ｂチームの子たちでも「私たちも見られているんだ。いいプレーすればＡに行けるんだ」と思うわけです。

選手の立場からすると、そのちょっとしたチャンスをつかめるかどうかが大事だと思います。Ａに呼ばれて定着する子もいますし、ダメだったらすぐＢに戻します。そこはドライですね。子どもたちには「世の中、結果がすべてだ」と言います。

ある子に声をかけたことに対して、他の子がどう感じるかについては、すごく意識しています。例えば、靴のまま校舎に入った子に対して、いじりながら「２ヶ月部活停止！」ということで、周りの子に「やっちゃいけないんだな」とわからせたり。伝え方には、様々な工夫をしています。

Twitterで知り合った中村コーチ

越智の右腕として、京都精華のコーチを務めているのが中村美穂先生です。彼女との出会いはTwitterでした。

あるとき、Twitterを見ていたら「京都精華に行きました！」という写真が流れてきたので、うちに見学に来た指導者のどなたかかと思い、「ありがとうございました」とリプライをしたら、「実は学校の前で写真を撮っただけなんです」と返事が来ました。

そこで彼女の過去のツイートを遡ってみたら、女子サッカーが大好きで、日本中の高校を見に行っていたことがわかりました。

僕は女子サッカーリーグのバニーズ京都のGMもしているので、「関東で試合をするとき、見に来てください」とメッセージを送ったら来てくれて、埼玉県のレッズランドで会ったのが最初です。

そこで話をすると、東京の学芸大学出身で塾の講師をしていることがわかりました。「ゆくゆくは先生になって、女子サッカーを教えたいんです！」と言うので、「だったら、精華に来なよ。Ｙｏｕ、来ちゃいなよ」と言って、早速、校長に「理科の先生を捕まえました。高学歴の女性です。ぜひ採用してください！」と熱烈にお願いをして、採用してもらいまし

右腕的存在として事務的なことはすべてやってくれるのが中村コーチ（左から二人目）。
この本で使われている写真もほとんど彼女が撮ってくれています

た。

京都精華学園高校男子サッカー部のコーチとしても活動している浦田先生もそうですが、中村先生も部にとって欠かせない存在です。僕が前に出ているときは一歩引いて、事務的なことはすべてやってくれます。写真も上手で、SNSにアップされているのは、ほとんどが中村先生が撮影した写真です。

中村先生の選手起用で、ミラクルが起きたことがありました。ある年の京都大会・決勝戦でのことです。選手交代枠は5名で、ベンチには控えメンバーが9人入っていました。そのうち日頃頑張っている3年生3人を「思いやり枠」として、ベンチに入れておいたのです。

1人目、2人目、3人目は下級生を戦術的な意図で交代出場させて、残りの交代枠は2人。ベンチの3年生は3人、あとは下級生しか残っていません。「思いやり枠」の3年生3人のうち2人を出すと、出られなかった1人が「自分だけ試合に出られなかった」とテンションが下がってしまうので、3年生の中から出すのは1人にしようと考えました。誰にしようかなと、中村先生に相談をしたら「この子にしましょう」と言うので、その選手を試合に出しました。

試合後、その子とお母さんが僕のところに来て、泣きながら「一緒に写真を撮ってください」と言うので、「いいけど、なんで?」と聞くと「今日でサッカー、最後なんです。受験で引退するんです」と言うではありませんか。その子は勉強の特待生として入学したので、「これからは勉強に専念します」と。僕は全然知らず「もっと早く言ってよ！」と思ったのですが、最後の試合に出場させてあげることができて、良かったなと思いました。

中村先生は、この試合が最後だと知っていたのだろうと思って聞いたら「知りませんでした」と。まさにミラクルですよね。その選手の運が良かったのかもしれませんが、直感で決めたことが結果につながるのは、良い指導者になるための条件だと思います。運を持っていることは、すごく大事です。ちなみに彼女は猛勉強の結果、立命館大学に合格し、大学の体育会サッカー部で活躍しています。

前年の負けを翌年に活かす

京都精華は他の強豪チームのように、厳しい練習に耐え、辛く苦しい日々を乗り越えてメンタルを培うようなスポ根チームではないので、鋼のメンタルは持っていません。そのアプローチではなく、遊び心や力を抜いたプレーをどれだけ出せるかが大事なので、試合に向けたメンタルコントロールは今後の課題だと思っています。

２０１９年度のチームはサッカー的に仕上がっていただけに、初戦敗退と残念な結果になってしまいました。振り返ってみると全国大会で2位、3位になったときは、無欲のまま戦っていました。選手たちも何も考えず、目の前の試合のことだけを考えて戦い、その結果、勝つという感じでした。

この経験を次の年に活かさなくてはいけないのですが、2020年度のチームは、キャプテンが全然決まりませんでした。

というのも、その下の学年の選手の方が、試合に出ている子が多かったのです。全国大会を経験した2年生（当時）は数人しかおらず、3年生が卒業して、新チームになったとしても、僕としては「何人が試合に出られるかな」と思っていたのですが、当の新3年生たちは「新チームになれば、試合に出られるでしょう」という感じでした。

その頃、新チームの中心になりそうな選手がケガをしていて、僕の体育の授業を見学していたので、その際に「全国に行けるだろう、試合に出られるだろうという考え方を変えないとダメだよね」と言ったことがありました。その頃の朝練の雰囲気もぐだぐだで、僕はあえて行かず、他のコーチに見てもらっていました。

朝練の雰囲気がぐだぐだなのに、チームの中で誰も何も言わない。「みんなで話し合おう」「キャプテンを決めよう」と誰も言い出さないことがすでに問題なので、「それを乗り越えないと、去年の先輩たちを乗り越えられないんじゃない？」と言ったら、早速話し合って、キャプテンを決めてきました。ちょっと仕掛けたら、すぐ動くんです。さすがに素直すぎて、おいおいと思いました（笑）。

練習に早く来させるための仕掛け

京都精華は女子校として100年を越える歴史がありますが、2016年から共学になりました。共学になって変わったと思うのは、女子が廊下を走らなくなったこと。かつては女子しかいないので好き勝手やっていたように見えたのですが、共学になったことでしおらしくなったというか……（笑）。

だからなのか、授業が終わって着替えて、部活に出てくる時間も遅いんです。だいたい、やる気のある3年生が早くグラウンドに来て、1年生が一番遅いパターンなのですが、練習は全員でする体操から始まるので、揃うまで待たなくてはいけません。

そこで「もっと早くグラウンドに来なさい」と怒るのも違うと思ったので、ある仕掛けをしました。毎回、3対3のミニゲームをするのですが、早く来た人から、ミニゲームのコートが6個あるうちの、一番有利なコート（チャンピオンコート）で試合ができるようにしました。

昔の子どもたちのように、授業が終わるチャイムが鳴ったらすぐに教室を飛び出し、「早くサッカーやろうぜ！」という雰囲気を作りたかったんです。「部活の時間だ、やった！」みたいなのがない学年だったので、どうすれば行動を変えられるかを考えて、この方式を導入しました。

子どもたちの顔ぶれ、雰囲気は毎年違うので、新チームになったばかりの頃は、どうしようかと常に考えています。他の強豪校は、チームに必要な中学生をスカウティングし、入学させますが、京都精華は大半が付属の中学校から上がってくる選手で、外から来る子は3、4人なので、学年によってクオリティにばらつきがあったり、ポジションが偏ったりすることも多いです。

とはいえ京都は大阪のように、女子サッカーの強豪校がたくさんあるわけではないので、2月の新人戦から勝ちに行かなければ、インターハイ予選の組分けに影響するといったことはありません。そのためチーム作りに時間をかけられるので助かっています。

実際に、2020年度の新人戦初戦は、監督の僕が不在でした。シーズンの中で最初の山場は4月のインターハイ京都府予選と6月の関西大会なので、2月の新人戦はコーチに任せています。

監督がいないことにも意味はあると思います。最初からいたら緊張するし、見られているから頑張らないととか、余計なことを考えてしまうかなと。全国大会に出て、上位に進出するという目標はあるものの、なによりもサッカーは楽しいものだと思って欲しいので、余計なプレッシャーやしなくていい緊張はない方がいいと思っています。

ケガ人も明るく練習見学

京都精華は中高一貫校なので、部員の半数が中学から入ってきます。外部から入ってくるのは3、4人ほどですが、その子たちは中学時代にクラブチームでプレーしていたので即戦力です。なので、1年生が入学後すぐにスタメンで試合に出ることは、よくあります。

誰をスタメンで出すかについては、すごく考えます。3年生のレギュラークラスはだいたい決まっていますが、2年生、1年生で頑張っている子は、タイミングを逃さずに試合で使ってあげることで、ぐぐっと伸びることがあります。

下の学年の子を試合に出すときは、その学年で1、2番目に上手な子と7番目ぐらいの子を一緒に出すようにしています。そうすると、他の選手が「あの子でも出られるんだ」と希望の星になるからです。その姿を見て、「もうちょっと頑張ってみよう」と思う。それもやる気を出させる仕掛けです。

僕としては、サッカーを楽しませながら、上手くしてあげたい。サッカー楽しかった、仲間といられて楽しかったと思って、卒業してほしいんです。楽しい気持ちが最初に来ることが大事で、部活に行くのだるいなと思わせたら、僕の負けです。監督怖い、先輩うざい、練習つまらないという気持ちは一切なく、それらを排除しながら全国大会に行く。強豪校と同等の成績を残すのが、僕の使命です。

練習を見てもらうとわかると思いますが、ボールを使った練習、そしてゲームという流れなので、つまらないと感じることはないと思います。ただ、頭の中はめちゃくちゃ疲れますが。

それとうちの練習を見に来て驚かれるのが、ケガで見学している子たちが、とても明るくにぎやかなことです。ギャーギャー騒いで、ゲラゲラ笑っているんです。普通、ケガ人って暗いじゃないですか。黙って見学しているみたいな。それが嫌なので、僕は率先してケガ人をいじっています。どんなときも明るく、楽しく。それが京都精華女子サッカー部です。

全国大会に出ても人生が変わるわけではない

チームの目標は全国大会に出場し、上位に進出することです。これは決して僕の目標ではなく、子どもたちの目標です。目標は大人が与えるのではなく、子どもたちが自ら決めるもの。そして、その目標を叶えてあげるのが、指導者や大人の務めなのかなと思っています。

全国大会は夏と冬に2回あります。高校総体(インターハイ)と高校選手権です。インターハイは近畿2枠。選手権は関西大会でベスト4に入ることが、全国大会出場の条件になります。

関西には大阪の日ノ本学園、大商学園、大阪学芸、大阪桐蔭、追手門学院、そして兵庫の神戸弘陵、姫路女学院などの強豪がいて、全国大会へ出るためにはこのレベルのチームに2つ以上勝つ力が必要になります。そのために必要なことを練習で行うのですが、これは僕が全身全霊をかけて行う作業です。

個人技術、グループ戦術、チーム戦術、フィジカルトレーニング、ミーティング。これらを追求する為に、ついついトレーニング時間がかさんでいきます。

昨今は長時間労働を是正する動きが出てきており、スポーツにおいても長時間練習の弊害が叫ばれています。僕自身、いかに短い時間で成果をあげるかを考え、無駄なく短時間に凝縮することに快感を覚えます。

以前は「全国大会に行くと人生変わるで!」「全国の景色を見よう!」と、子どもたちに言っていました。でも、実際に全国に初めて出たときに思いました。

「ひとつの経験ではあるけど、人生は変わらへん……」と（笑）。

過去に全国2位、3位になりました。それによって進路を獲得できた子もいたし、特待生として大学からお誘いを受けた子もいました。それはそれでありがたいことですが、進路に関して少し優遇されただけで、その大学には、全国大会に出ていなくても、入学している子はいます。全国に出たからといって、特に人生が変わったわけでもなく、もしかしたら、大学進学のひとつの手段に過ぎないのかもしれません。

全国に行き、そこで勝つことは目標ですが、全国に行けなかったら、それまでやってきたことすべてが無と化すのでしょうか？

よくあるのが、全国大会に出るための予選で負けた次の日に、3年生を引退させて、新チームの選手を鍛えるケース。「全国に出る」という目標が指導者の目標になり、子どもたちはそのための駒になるみたいな……。

そして、最後の大会に負けた子たちの「明日から部活がない！　ヤッター！」という言葉。こう言わせる大人は罪です。でも、残念ながら日本の学生スポーツのあるあるです。「早く引退したい」「受験があるから」「引退したら髪の毛を伸ばせる」「やっと遊びに行ける」。インターハイ終わりの高校生、夏季大会終わりの中学生から、よく聞くフレーズです。

越智のことが嫌いで「あいつ、私をレギュラーで使ってくれへんし」という理由で引退し

全国大会出場は子どもたちの目標。その目標を叶えてあげるために
無駄なく短時間で成果をあげられる練習を考えるのが僕の役目

た子も少なからずいたでしょうし、あの子はそうなんだろうなと思うこともあります。ですが、そう思って辞めていく子の数をトコトン減らしたいって思っています。

僕は引退したいという子を、引き止めることはしません。それは、本人の決断ですから。でも受験勉強が大変で、いままで寄り添ってきたサッカーから離れて、生活のリズムをつかめない子には言ってあげます。「たまにはグラウンドに来なよ」「朝練だけでもいいじゃん」って。

試合や大会で勝つことだけが目的の集団なら、そのような子は邪魔な存在ですが、サッカーが好きで、体を動かしたい。リフレッシュすることで、勉強の励みにもなる、という子は多いと思いますし、その手伝いをすることは、全国大会に行くことよりもずっと意味があると思っています。そうすればきっと、高校を卒業してもサッカーを好きなままいてくれるでしょう。

そう考えると、レギュラーになって全国大会出場を目指しながら、毎日負荷やストレスが憂鬱になるレベルまで掛かるなんて言語道断です。その子は、最後の大会が終わった瞬間、「やっとサッカーから解放される……」と思うでしょう。そして、サッカーを辞めてしまうかもしれません。そんな子にしてしまったのは、誰でしょうか？

子どもは大人の矛盾に気がつく

京都精華には、夏のインターハイが終わったら引退すると言っていたのに、1週間ほどでしれっと復帰する子がいます（笑）。

その中で、インターハイまでは控えメンバーだったのに、その後レギュラーになり、冬の選手権に出場した子もいました。3年生の最後の冬に、ようやくレギュラーになった遅咲きちゃんです。そして、その子はいま大学でもサッカーを続けています。

サッカーを始めた頃、ボールを追いかけるのが楽しい、友達と一緒にプレーするのが楽しい、仲間っていいなという気持ちがあり、保護者もそのような感情を味わってほしくて、スポーツをさせたいと思っていたはず。

そんな小さい頃の大目標を度外視して、試合や大会に勝つことだけが目的になるのは、どうなんでしょうか？

元気でいてほしい、丈夫な体になって欲しい、お友達がたくさんできるといいな。仲間と協力することって大事だよねと思ってサッカーを始めさせたのに、保護者もどんどん勝利至上主義になり、自分の子どもがレギュラーか、そうでないか、上手いか下手かがステータスになったり……。

他校に負けないための最低限のフィジカル。他校に勝つための技術の習得。他校とミスマッチを引き起こすための独特な試合運び。この辺は、監督である自分にしかできない作業です。選手の役割ではありません。だから寝る間を惜しんで考えるし、すべてをしれっと練習に詰め込みたい。それも90分以内で（通常、練習は70分です）。

大人は子どもに向かって「学生の本分は勉強だろ！」と言ったと思えば、「お前はこの学校にサッカーをしに来たんだろ？　だったら、もっと真剣にやれ！」と言ったり、「成績が悪いと部活には出さない」と言ったりします。

立ち位置によって、発言が変わるんですよね（笑）。子どもたちは、この辺りの見極め、矛盾にはすぐ気がつきますので、大人たちは気をつけましょう。

学生の本分は勉強です。（8時30分から15時30分まで）。本分の後は部活動という本分パート2があります。（90〜180分間）。それ以外にもサッカーノートを書いたり、片づけなどをしつつ、先輩が帰るまで、下級生はグラウンドにいなければいけないなどの謎ルールがあります。長時間労働かつ、負荷がありすぎ。まるでブラック企業です。

よく「うちのクラブはあいさつを含めて、人間性、社会性を育みます」という言葉を聞きます。もはやクラブの常套句のように、最近は至るところで耳にします。では、社会性ってなんでしょうか？　あいさつをすれば、社会性が身についたことになるのでしょうか？

実のところ僕も、社会性が何かをわかっているわけではありません。だからこそ、子どもたちにはいろいろな世界を見せてあげたいと思っています。そのために、この後の章で紹介しますが、無人島に行ったり、卒部式でファッションショーをしたり、いろいろな大人をグラウンドに呼んでコーチをしてもらったりと、さまざまな仕掛けをしているのです。

指導者に必要な分析力

これを読んでいる指導者の方に、「指導をする上でなにが一番大事ですか?」と聞かれたら「分析力」と答えます。僕は試合を映像に撮って、分析することはありませんが、「この子たちを伸ばすにはどうすればいいか?」「いまのこの子たちに何が足りないのか?」は、四六時中考えて分析しています。

いまはYouTubeで、世界中のクラブのトレーニングを見ることができる時代です。ただし、それをそのままコピーして子どもたちにやらせても、同じようにはできません。バルセロナやグアルディオラのトレーニングメニューを真似をしたところで、子どもたちはメッシでもデ・ブライネでもないわけで、得た情報を噛み砕き、「目の前の子どもたちをうまくするためには、どうすればいいか」と、変換することが大切だと思っています。

ある年のチームに、リフティングが得意ではなく、ボールを止められない子がいました。その子に対して、言葉でいろいろ言ってグサグサ刺した後に「こうしたらできるから」と具体的にアドバイスをすると、できるようになります。でも、でき始めたときに、こちらからは何も言いません。そして、次の機会にみんなの前で褒めます。そうすると、褒められた子はうれしいですよね。

監督は普段はおちゃらけていて、変なことしか言わないくせに、実は私のことをすごく見ていて、一言でプレーを修正した！となったら、「マジで神！」となるわけです。ちなみにその子は、ロングキックを蹴って、来たボールを5回リフティングしてまた返すというのを、パーフェクトにできるようになりました。

その子にどんなアドバイスをしたかというと、「ボールの正面に入りなさい」という一言だけです。飛んできたボールを足で処理するのではなく、体を移動させてボールの正面に入る。そうすることでコントロールしやすくなり、地上15㎝のところでボールをコントロールすれば簡単にできますし、ミスも少なくなります。だから、ボールが来たら移動することが大切なわけです（これはフットボールスタイリストの鬼木祐輔氏から学びました）。

浮き球のコントロールがうまくできない理由は、僕はわかっています。でも、それをすぐに教えない。答えを最初から言わない。そして、何度もミスをしてできなくて、苦しんでいるときにポッと言ってあげると、その子にとっての宝物になります。

でも、多くの人は気づいた瞬間にアドバイスをしてしまうんです。そして、言ったとおりにできないと「さっき言ったのに、なんでできないんだ！」と怒る。でも、僕の場合は「言っていないから、できるわけないよね。僕が言ったら、できるようになるのに」という気持ちで見ているわけです。いつ言おうかな、いまかな、もうちょっと待とうかなと考えるのが楽しいんです。

言葉は一方的に投げつけるものではありません。相手に渡すものです。しっかりと受け取ってもらうためには、こちらの渡し方、相手とのタイミングがとても大切なのです。

高校女子サッカーの現状

女子の高校サッカーは、男子の高校サッカーの10～15年ほど前の状態だとイメージしてもらうと、わかりやすいかもしれません。女子はハイプレスを軸に、リスクを冒さないサッカーをするチームが、全国の上位に進出することが多いと感じています。

かつて、男子の高校サッカーもそうでしたよね。それがここ数年、テクニックを主体としたサッカーをするチームが増え、２０１９年度の高校選手権は静岡学園、帝京長岡（新潟）、昌平（埼玉）など、テクニカルで攻撃的なチームが上位に進出しました。京都精華が実践するスタイルもそっち寄りです。ただ、女子でそのスタイルが定着し、男子の高校サッカーのようになるまで、あと10年はかかると思います。それまでには、もう一度全国で上位に入りたいと思っています。

男子は各チームの色が明確になり、かつては帝京長岡、興國（大阪）、昌平のようなスタイルのチームは、技術が高くてスタイルが明確だけど、スピードとパワーのある相手に屈することが多かったように思います。でも、いまは時代が変わり、そのようなチームが結果を出しています。女子はまだそこには行っていないので、少しずつ変わっていけばいいなと思っています。

京都精華のライバルはどこかと聞かれたら、少し前までは「日ノ本学園」と答えていました。２０１９年度まで監督を務めていた、田邊友恵さんがいたからです。（現在はノジマステラ神奈川相模原アカデミーダイレクター兼Ｕ－18監督）

田邊さんは、サッカー指導者を越えた、親友だと思っています。全国大会の決勝戦で対戦した間柄でもありますが、「最近の日ノ本について」など、僕の忖度なしの意見をぶつけたりもします。

ここ数年の日ノ本は、インターハイは優勝するのですが、選手権は5年間優勝から遠ざかっ

静岡学園や帝京長岡、昌平などテクニックを主体としたチームが目立つ
男子高校サッカーのように、女子も少しずつ変わってほしいと思います

ています。田邊さんはS級ライセンスを取りに行き、外部コーチを入れて、戦術的なトレーニングもたくさんしていたようですが、対戦していて嫌じゃないんですよね。丁寧にサッカーをしすぎていると感じたので、そのまま田邊さんに言ったこともありました。

「日ノ本のサッカーは、ガンガン来るスタイルなはず。丁寧にやりすぎないほうがいい」と焚き付けたら、その年の関西大会でめちゃくちゃ強くなっていました（笑）。大人が賢くなったり、色気を出すと本質がぶれるので、そこは気をつけたいところです。

世界を狭めるのは体育会系の罪

日ノ本は常に全国優勝が求められるチームですが、京都精華はそこまではありません。当然、全国大会出場、優勝は目指していますが、それよりも子どもたちに、サッカー楽しいな、仲間と一緒にいる時間っていいなと感じてもらいたいと思っています。

京都精華は1学年15人ほどで、大学でサッカーを続けるのは、その中で毎年3、4人くらいです。他の子は、看護師になりたい、調理師になりたい、言語聴覚士になりたいなど希望の職業があり、そのための勉強をする目的で大学へ進むケースが多いです。

京都精華以外の、全国大会出場常連校の子は「大学でサッカーはしません」と言いづらいと思います。僕は、それもどうなのかなと思うんです。それに、高校時代にサッカー漬けの生活をしていると、大学に行ってもサッカーをするのが当たり前という思考になりがちだと思います。むしろ、サッカーをしていない自分が想像つかない……という。

そうさせているのは、周りの大人です。サッカー漬けにして洗脳して、サッカー以外に何をすればいいかわからない子を作っていいのでしょうか？　それは指導者として、常に自問自答しなければいけないと思います。

京都精華の子には、高校時代にサッカー一色ではなく、アンテナを広げて、社会に出たときにいろいろな選択肢を持てるようになってほしいと思っています。

世界を狭めるのは体育会系の罪です。サッカー以外の楽しさも許容してあげないといけない。大人が制限しすぎなんです。

僕がする制限は、早く寝ることだけ。たいていの子は10時くらいには寝てますし、なかには夜の9時過ぎに寝る子もいます。いまどきはスマホがあるので、だらだら見ていたらなかなか寝ないですよね。でも、うちの子たちは早寝です。これもひとつの自慢です（笑）。

少し前に、高校野球で甲子園優勝経験のあるチームのキャプテンが、罪を犯して逮捕された事件がありました。彼は高校卒業後、スポーツ推薦で大学に行ったそうです。でも、捕まったときは無職だったので、何らかの事情で野球を辞めて、推薦で入ったために大学も辞めなくてはいけなかったのでしょう。野球を辞めた時点で、他の道を用意してあげられなかったのか。スポーツ界は、この事件を教訓にしなければいけないと思います。

スパイクは3年間で1、2足しか使わない

京都精華の子たちに「3年間でどのぐらいスパイクを買う?」と聞くと、多くの子が1、2足と答えました。この数は、全国大会に出る高校でもっとも少ないのではないかと思います。

なぜ、これほどスパイクを買う数が少ないのかというと、トレーニングシューズで練習をするからです。

学校のグラウンドは人工芝です。その上でスパイクを使用すると、ケガのリスクが高まります。とくに女子は十字靭帯などのケガをしやすいので、『Activital（アクティバイタル）』という足首をサポートするソックスを率先的に履かせたりと、細心の注意を払っています。

スパイクを何足も買ってお金をかけるぐらいなら、ケガをしないことにお金を使った方がいいと思います。スポーツをしたことで、通院したり、手術をしなければいけない子を作りたくはないんです。文化系の部活に入っていたら、ケガなんてしなくてすんだのに、サッカー

部に入ったばかりに、ケガをして手術をするような子を出したくはないんです。

僕は常々、「子どもを喜ばせるのが、大人の仕事」だと言っています。だからケガをして、悲しい思いをさせたくない。

正直な話、サッカーをどれだけ頑張っても、将来プロサッカー選手として満足いくお金を稼げる女子が、どれほどいるでしょうか？　ほとんどいない以上、五体満足でサッカーを楽しませることが、第一だと思っています。

だから、練習で過度の負荷をかけるのはもってのほか。ケガをせず、楽しみながら技術を身につけ、全国大会に出る。それが目標です。

そもそも、選手と僕は上下関係ではなく、同等だと思っています。むしろ下から行きたいぐらいです。「今日は何がしたいですか？」のように。そう聞いたら、子どもたちは何と言うと思いますか？「ゲーム（試合）がしたい」と答えると思います。

それを逆手に取って、僕が「今日はゲーム（試合）をした方がいいな」と思っているときに、その質問を子どもたちにします。「今日の練習は何したい？」って。

そうすると「ゲーム」と言うので「じゃあゲームしよう」と返します。子どもたちは「私たちの言うことを聞いてくれた！」と喜びます。

でも、僕としても今日はゲームをしたいと思っていたのだから、なんの問題もないわけです。むしろ、子どもたちに喜ばれて、こちらの株も上がる。一石二鳥です。

ルールや設定を変えることで、選手を導く

先日、SNSに動画をアップし、「4コートでミニゲームをしています。この中に仕掛けがあります。なんでしょう?」という質問をしました。正解者はほとんどいなかったのですが、答えは「各コート、スペアなしで1つのボールでやっている」でした。

通常、ミニゲームをする場合、ピッチ脇にボールをいくつか用意しておき、タッチラインを割ったら、別のボールを使って再開します。もちろん、僕もその設定でミニゲームをすることもありますが、今回はあえてボールを1個しか用意しませんでした。

すると、どうなるか。ボールが1個しかないと、シュートを打つときにためらうんです。絶対に入りそうな状況にならないと、シュートを打とうとはしなくなります。さらに、相手にボールを触らせない持ち方を自然とするようになります。つまり、ボールを大切に扱うようになるのです。

京都精華では、相手からボールを守るために「アウトサイドで隠せ」と言うのですが、球際の競り合いが多くなると、ルーズボールが増えます。そうすると、ボールがコートの外に

出て、取りに行かなくてはいけません。

シュートも、ボールがたくさんあると、無理な態勢でも「とりあえず打っとけ」という意識になりがちですが、スペアのボールがないと、ゴールを外すと取りに行かなくてはいけないので慎重になります。さらに、小さいゴールを使えば、確実に決まる状況にならないと、シュートを打たないようになります。

このように、ボールを何個用意するかの違いだけで、自然と選手たちの意識も変わっていきます。これを「ボールを大事にしよう」「シュートを確実に決めよう」と口で言ってやらせるのではなく、ルールや設定でそうなるように仕向けていく。気がついたら、こちらが意図したプレーをしている。その姿を見るのが、たまらなく快感なんです（笑）。

もちろん、他のチームと同じように、ボールをたくさん用意して、コートの外に出たらすぐに別のボールを使って再開することもあります。でも5回に1回ぐらい、ボール1個でゲームをすると違った刺激が入ります。

こちらから何も言わなくても、プレーが丁寧になったり、シュートの正確性が増すので、見ていておもしろいです。

ちなみに、京都精華は1人2個、個人のボールがあります。5号球の重さの3号球とノーマルの5号球です。2個ある理由は、あえて脳の感覚を麻痺させて刺激を入れたいのと、ボールにたくさん触らせたいからです。自分のボールだと大切にしますし、リフティングなどの個人練習をしていくと、ボールの擦り切れ具合さえも愛おしくなるほど愛着も増していきます。

第2章

越智がしてきた数々の「仕掛け」

高校選手権で全国3位になる

２０１３年１月に開催された高校選手権で全国3位になった時の話です。全国大会の会場は静岡県の磐田市。初戦は埼玉の久喜高校で、５対１で勝ちました。関東のチームからすると、京都精華のサッカーに面食らったと思います。短いパスを繋いで、相手を食いつかせておいて、空いたスペースにボールを出したり、ボールを奪おうとするとかわされるわけですから。

僕は全国大会の初戦が終わり、すぐに東京に向かいました。男子の高校サッカー準決勝、京都橘対桐光学園（神奈川）を観るためです。というのも、京都精華のトレーナーが京都橘も担当していて、僕がかつて指導していた、ＡＳラランジャ京都の教え子がベンチ入りしていたからです。おそらく、女子の高校サッカー選手権に出場しているチームの中で、大会期間中に他のチームの試合を観に行っているのは僕だけだと思います（笑）。国立競技場で京都橘の勝利を見届けて、磐田にとんぼ返りしました。

翌日の2回戦、相手は地元静岡の常葉学園橘高校です。この試合を2対1で勝ち、次は準々決勝。トーナメントの山場がやってきました。相手は大阪の大商学園。向こうは関西1位で選手権出場、京都精華は関西４位。誰が見ても大商学園の方が格上です。

しかし、黙って負けるわけにはいきません。どうすれば勝てるか。勝つための準備を入念にしました。といっても、サッカーの内容で相手をスカウティングしてどうこうではなく、「どうすれば、子どもたちの力を最大限発揮させてあげることができるか」を考え抜きました。

女子の選手権は1回戦、2回戦、準々決勝と3日連続で試合があり、1日の休みを挟んで準決勝、決勝と続きます。そのため学校との取り決めで、準々決勝終了後に、勝っても負けても宿舎を引き払うことになっていました。もし準々決勝に勝って、準決勝に進んだ場合は、再度宿舎にチェックインする形です。しかし僕たちとしては、決勝戦まで1週間滞在するつもりで準備をしてきています。

準々決勝、大商学園戦の日は朝から雨が降っていました。もしこの試合で負けたら、雨の中、荷物を積み込んで帰ることになります。最後の試合の思い出が雨の敗戦って、悲しすぎますよね。それに試合当日の朝、スーツケースに荷物を詰めて帰り支度をすると、これから試合だというのに、最後の試合に向かうようなマインドになってしまいます。しかも相手は格上。その心理状態で試合に向かうのは、負けに行くようなものだと思いました。

そこで、学校に電話をして「もし負けても宿舎を引き払わなくてもいいですか？　今日だけは泊まらせてください」と直訴しました。すると、学校は渋々承諾してくれました。

それを子どもたちに伝えると「うちら、今日帰らなくていいんや。ラッキー！」とテンションが上ります。気持ちが楽になり、前向きに試合に臨み「勝って、ここに戻ってこよう！」という気持ちになりますよね。僕はチームの空気をなにより大切にしているので、「まだ帰らないぞ！」という雰囲気を作ることに成功しました。

試合は、園田瑞貴（現・アルビレックス新潟レディース）のゴールで1対0で勝利。強敵を破り、準決勝進出です。

勝ったことはとても嬉しいのですが、試合後にある事件が起こりました。試合後、スタンドにいる応援団と保護者をバックに、あるコーチが選手を集めて、記念撮影をしたんです。僕はその光景を見たとき、そのコーチを怒りました。「ベスト4になるために、ここに来ているのか？　何も成し遂げてないのに、記念撮影をする意味がわからない。喜ぶ気持ちを抑えて、次の試合に向けて気持ちを切り替えさせるのが、大人の役割じゃないの？」と。応援団と保護者が喜ぶのは良いんです。でも、選手たちが喜びすぎてはいけない。選手の様子を見て、どうすれば良い方向へ行くかを考えるのは、大人の仕事です。

子どもたちには〝ニンジン〟が必要

子どもたちには〝ニンジン〟が必要です。試合に勝ったら焼肉に行ったり、「このゲームで勝ったチームにはアイスね！」などとご褒美をあげると、やる気が湧いてきたり、雰囲気がよくなったりします。

それもあって、選手権の中日には、磐田市のららぽーとに行って息抜きをしました。準決勝を翌日に控えてはいたのですが、心のガソリンも必要だろうと思い、用意されたお弁当を食べるのではなく、ららぽーとのフードコートで和気あいあいと食事をすることで、心が満たされ、「また明日から頑張ろう！」という気持ちになってほしかったんです。

選手の気持ちをひとつにし、試合に向かっていく雰囲気を作ることができたときは、良い試合ができると思います。

チームの雰囲気を大事にするために、公式戦のときはある仕掛けをしています。それは「登録メンバーを選手に教えないこと」です。大会が始まっても、自分が登録メンバーだと知らない子もいます（笑）。

当時の大会登録メンバーは25人で、その中からベンチ入りを含めて、試合に臨むメンバーが18人です。つまり、残りの7人は自分が登録メンバー入りしているとは知らずに、応援団としてスタンドにいるわけです。

実際に、1回戦はスタンドで応援していたのに、2回戦ではスタメン出場したり、ベンチ入りして途中出場するケースも出てきます。そうなると、スタンドにいる応援団の子は「昨日まで一緒に応援していた子が、試合に出てる！」となるわけです。さらには「もしかしたら、この試合に勝てば、次の試合で私もベンチに入れるかもしれない」と、応援にも熱が入ります。選手のモチベーションも保つことができ、応援にも熱が入る。一石二鳥です（笑）。

メンバー外の応援団を気にする

大会になると、登録メンバーの上限が決まっている以上、ベンチ入りできない子が出てしまいます。そういう子はスタンドから応援に回るのですが、その子たちの雰囲気はどうかを、常に気にしています。多くの監督は、登録メンバーだけに目を向けて、応援団は放っておくか、コーチに任せると思います。

ですが、繰り返しお伝えしているとおり、僕はチームの雰囲気を大切にしているので、Aチーム以上に、Bチームやメンバー外の子たちの様子を常に気にかけています。

登録メンバーが誰かは、最後まで教えないと書きましたが、誰々はメンバーで、誰々はメンバー外と発表すると、メンバー外の選手のモチベーションはガタ落ちです。スタンドから応援していても、心のどこかで「負ければ早く帰って好きなことができるのに」と思う気持ちも出てしまうかもしれません。それがチームに伝染していくのは避けたいので、様々な仕

チームが勝つにはレギュラーメンバーの力だけではなく、ベンチ入りできず、
スタンドで応援してくれるメンバーたちのモチベーションも大事

掛けをして、良い雰囲気を保つようにしています。

その大会では、1回戦でスタメン出場し、途中交代した選手がいました。2回戦と準々決勝はベンチ外でした。準決勝前に僕のところへ来て「私をベンチに入れてください」と直訴しに来たことがありました。僕はその行動に敬意を表し、ベンチに入れました。せっかく勇気を出して言いに来たのに「何言ってんの、ダメだよ」と一蹴してしまったら、今後、別の場面でも「アクションを起こしても、無駄なんだな」と思ってしまうかもしれません。行動したことをネガティブにとらえてほしくなかったので、ベンチに入れてあげました。

彼女は現在、本校の非常勤講師として社会を教えていますが、サッカー部の練習にはまったく顔を出さず（笑）、社会人チームでサッカーを続けてくれています。

メンバー外の選手のモチベーションが大事

2013年の高校選手権準々決勝で強敵・大商学園に勝ち、準決勝で神村学園（鹿児島）と対戦しました。この試合は1対5で負けてしまいました。でも、ベスト4に入ったので全国3位です（3位決定戦はありませんでした）。3位なのでメダルがもらえます。登録メンバー25人中21人は、ベンチ入りした選手でした。残りの4人はスタンドで応援していた子たちです。そこで名前を呼ばれて、初めて自分が登録メンバー入りしていたことを知るわけです（笑）。

試合に出た子もスタンドから応援した子も、チーム一丸となって戦ったので、メダルをもらえなかった3年生には、全国大会のＩＤに、試合に出た選手がメッセージを入れて、渡すことにしました。

２０１３年の高校サッカー選手権で3位になった経験があったので、２０１４年のインターハイで準優勝した時は、「メンバー外の選手のモチベーションをどうやって保つか」に、ものすごく気を使いました。

この年のインターハイは東京開催でした。そこでまず、開会式の前日に全員を連れて、ディズニーランドに行くことにしました（笑）。

多くのチームは、大会に参加するＡチームと、参加しないＢチームを分けて、それぞれ別行動をすることも多いと思います。そして、監督はＡチームに付きっきり。Ｂチームはたまに練習試合をして、試合の時は応援団という流れだと思います。

でも、それをするとチームの雰囲気が良くはならないと思ったので、大会直前までＡもＢも同じ行動をしました。

せっかくの東京開催なので、ディズニーランドに行きたい。子どもたちの思い出にもなる

2014 年のインターハイでは、開会式の前日に部員全員でディズニーランドへ。
大会に向けてのモチベーションも上がり、結果的に準優勝することができた

し、大会に向けてモチベーションアップにもなる。そう考えた僕は、千葉県にある帝京平成大学の女子サッカー部の知り合いに連絡をして、練習試合を組んでもらいました。ちなみに、帝京平成大学のグラウンドからディズニーランドは、高速道路を使えば1時間ほどで行くことができます（笑）。

練習試合の後は、ディズニーランドに直行です。そこではAチーム、Bチーム分け隔てなく、仲の良い子たち同士で行動します。サッカー漬けにするのではなく、女子高生らしい思い出もちゃんと作る。これが京都精華です。

そして次の日は、インターハイの開会式です。よくあるのが、開会式にはBチームの選手が出て、Aチームは試合に向けてトレーニングをするケース。もちろん、うちはそんなことはしません。Aチームが出席し、Bチームは千葉県の高校でサッカークリニックをしました。男子高校生対象のクリニックだったのですが、京都精華の子たちはリフティングやドリブル、ターンなどが得意なので、それを披露すると、相手は驚いていました。

試合当日に美容院に連れていき、剃りこみを入れる

インターハイの初戦は岩手県の専大北上高校。7対0で大勝しました。

この試合には、初めての方をベンチ入りさせました。僕の友人でもある、サッカーコーチの久保田大介氏です。彼は京都精華を気に入ってくれて、ちょくちょく練習に遊びに来てくれていて、選手からも「くぼっち」とあだ名で呼ばれるなど、親しまれています。

久保田さんはお父さんを亡くされた直後で、落ち込んでいることが容易に想像できました。そこで選手たちに「点を取ったら、久保田さんの所に行くように」と伝えて、「くぼっちのお父さんにゴールを捧げよう」という雰囲気になりました。その甲斐もあり、ゴールラッシュで快勝。久保田さんはまんまと越智の術中にはまり、とても喜んでいました（笑）。

当時のエースが、2年前の高校選手権準々決勝・大商学園戦でゴールを決めた、園田瑞貴です。1年生から全国の舞台に立っていた彼女は、3年生になり、チームの中心として活躍していました。

当時の彼女の髪型は横を刈り上げていて、大好きなネイマールの名前「ＮＪＲ」の剃りこみを入れるという個性強めのものでした。しかし、晴れの舞台である全国大会を前に髪が伸び、剃りこみで入れた字が見えなくなっていました。

エースに気分良くプレーしてほしいと考えた僕は、急遽、美容院をインターネットで調べ、会場である味の素スタジアム西競技場の近くの店を予約。試合当日に連れて行き、剃り込みを入れてプレーすることに成功しました。

髪型もバッチリ決まり、ご機嫌でピッチに立った園田は、初戦でハットトリックを達成しました（笑）。どうすれば、選手が気持ちよくプレーすることができるかを常に考える。これが越智流のマネジメントです。あとは、夏休みの間に早く髪の毛が伸びるようにと祈るばかりでした（笑）。

選手のパフォーマンスが上がることは何かを考える

2回戦の会場は、駒沢オリンピック公園総合運動場 第二球技場です。味スタ西での初戦を終えると、選手たちをバスに乗せ、ユニフォーム姿に麦わら帽子をかぶって、駒沢公園に直行しました。グラウンドに入れてもらい、甲子園の土のように芝を手にとって、記念撮影をして、宿舎に帰りました。これも、試合当日に選手たちが緊張せずにプレーするための仕掛けです。東京の、しかも初めて行く会場でプレーすると違和感があり、会場の雰囲気に飲まれてしまうかもしれません。でも前日に雰囲気を知っておけば、当日、「昨日、来た所ね！」と緊張することもなくなります。これが違和感なく、プレーするための仕掛けです。そういうことを考えるのが、すごく楽しいんです。

ある年の高校選手権の直前に、静岡の藤枝へ遠征に行きました。藤枝には、強豪の藤枝順

初めての会場で選手たちが雰囲気に飲まれて緊張しないように、
前日に会場下見をし、記念撮影して帰ってきたこともありました

心高校があります。このときもBチームのモチベーションを保つために、いくつも仕掛けをしました。まず藤枝に着いたら、ボーリング場に直行。そのボーリング場には前もって電話をし、組分けをして、モニターにあらかじめ名前を入れてもらいました。そうすることで、特別感を演出します。ボーリングはAチーム、Bチーム分けずに、チーム全体でミックスしました。ディズニーランドのときと同じ要領です。

2日目は行程を分けて、Aチームは藤枝順心と練習試合。Bチームはビーチサッカーを体験させました。ビーチサッカーは普段のサッカーと違うので、レクリエーション感覚で楽しむことができます。なによりテンションが上ります。

そして僕はAチームの練習試合が終わると、Bチームのビーチサッカーに急いで行き、選手たちをいじり倒します（笑）。これもBチームの選手に「うちら、放っておかれてるよな」と思わせないためです。まあ、Bチームの選手も、越智が来たところでうれしいと思ってはいないと思いますが、見られているという安心感は与えられているのかなと解釈しています。

人間誰しも、配慮されてる、大切にされていると感じたら、うれしいですよね。それをひとつするだけで、選手のパフォーマンスが上がるのであれば、やらない選択肢はありません。サッカーの試合に勝つために、何をすればいいのか。何が一番効果的なのかは、常に考えています。

ただ、選手に「越智さんって、どんな人?」と質問をすると「優しい」という答えは返って来ないと思います。「不気味」とか「何考えてるか分からない」という答えが多い気がします。この本を読んでいる人は、越智のいないところで、選手たちにそっと聞いてみてください。そして、僕に答えを教えてください(笑)。

全国大会の魔力

2019年の高校選手権は初戦敗退でした。開始直後にアクシデントのような失点をし、そこから立て直すことができずにズルズルと3連続失点。その後、うちらしい攻撃で1点を返し、2点目を取ればひっくり返せるかもと、期待を抱かせるゴールだったのですが、4点目を取られて万事休す。6対1で敗れました。

結果的には、試合開始直後の失点が、最後まで響いた形です。とはいえ、いつも立ち上がりが悪く、スロースターターなのはわかっていたので、この失点で目が覚めるかなと思っていたのですが、緊張からか選手たちがボールを次々に蹴ってしまい、相手は勢いを増していきました。

2019年のシーズン中からルールが改正され、ゴールキックはペナルティエリア内でつないで良いことになりました。京都精華のプレースタイル的には、歓迎すべき変更です。しかし失点直後から、ゴールキックを大きく蹴り出すようになってしまい……。

相手は開始直後の得点で、テンションがプラス1。こっちは下がったのでマイナス1。差は2です。普段通りのプレーをしていれば、取り返せる差ですが、とくに3年生がプレッシャーからか、実力をまったく出せずに大会を去ることになりました。

これが「全国大会の魔力」なのかも。そんな言葉が頭をよぎりました。ちなみに、選手権は2年連続6回目の出場でした。越智は6回目、コーチの中村先生は2回目。出場した3年生にも、昨年から試合に出ていた選手が多くいました。

初出場の浮ついた雰囲気もなかったと思うのですが、まさかの初戦敗退。開始直後に失点しまいましたが、相手の裏へのボールの対処、回収から動かし方への流れは今までよりも良かったのに……。「1点ぐらい、どうってことない」と笑ってやり過ごすはずもそうはいかず、〝焦り〟が彼女たちの心や脳味噌を侵して行きました。

0対3で迎えたハーフタイムに話をし、やるべきことを理解したようですが、「まず点を取らなきゃ」「前に行かなきゃ」「負けたくない」「勝ちたい」という感情が、日々の彼女たちのプレーと表情を一変させました。

後半開始直後、ようやく1点を返したあとのボール保持からの攻撃には、相手も慌て、我々も良さを出せた時間帯でしたが、キャプテンの素晴らしいコントロールショットを弾いた相手ＧＫのプレーと、その裏をつくスピード、推進力から４点目を喫したのがターニングポイントとなりました。

普段は見たことのない焦りの表情とパスミスの連続。相手のプレッシャーをすべて感じて、受動的なサッカーになってしまったことが悔やまれます。そこは日々の積み重ねと擦り込みに尽きるなと……。

それをするのは僕の役目です。過緊張に陥ったり、勝敗を意識してしまう子どもたちに「平常心」というお守りを持たせきれなかったことがとにかく悔やまれます。

おやつは1万円まで買っていい

２０１９年の高校選手権に関しては、やっちゃったねという感じです。日本一を目指しているチームであれば、全国大会で初戦敗退したら、「いままでやってきたことは何だったんだ……」と、それまでの人生が全否定になってしまうかもしれませんが、京都精華はそうではありません。

もちろん悔しい気持ちはありますが、大きく暗い影を落とすというよりも、「全国大会初戦で、緊張から力を発揮できなかった」という経験を青春時代の1ページとして記憶に残し、ゆくゆくはその経験を社会に出て活かしてくれたらと思っています。

全国大会で敗退し、3年生の引退が決まった日に、毎年恒例にしていることがあります。それは宿舎での打ち上げです。子どもたちにポケットマネーから1万円を渡し、「コンビニで好きなものを買ってきていいよ」と言います。ただし、「買い物途中、合計金額を計算してはいけない」というルールがあります。そして1万円を越えた分については、子どもたちが割り勘して払います。

2019年は、おつりが100円ぐらいでした。「計算したでしょ?」と聞いても、「マジでしてない!」とのこと。その勝負勘を試合で発揮しなさいよと言いたくなりましたが、過去最高のお釣りの少なさでした。

コンビニで買い込んだジュースとお菓子を宿舎に持ち込み、3年生だけの打ち上げが始まります。そこで僕が特別な話をすることはなく、ただ、その場にみんなでいるだけ。仲間と話している子もいれば、スマホを見ている子もいます。でも、その時間が重要なのだと思っています。高校を卒業すれば、もしかしたら一生会わない子もいるかもしれません。それまで、毎日のように会っていたにも関わらず。だから最後に、思い出に残るような空間を作ってあげられたらと思ってやっています。

卒部式に三阪咲を呼ぶ

毎年、卒業式のあとに、サッカー部の卒部式をしています。2018年度の卒部式には、いまをときめく歌手の三阪咲さんに来てもらいました。きっかけは、YouTubeで彼女が歌う動画を見たことです。すぐに、この子はすごい！と思って連絡をとりました。いまのような有名人になる、ブレイク前夜のことです。当時の彼女は事務所に入っておらず、関西でストリートミュージシャンとして活動する中学生。それを知ったときには、心底驚きました。

彼女の「好きなものに対して、全力で取り組む」姿に感動したので、京都精華の子たちに、その姿を見せて、刺激を与えたいと思いました。卒部式当日はサプライズゲストとして登場してもらい、京都精華のユニフォームを着て歌ってもらいました。

その年の年末に、男子の高校サッカー選手権の応援ソングを歌う歌手に選ばれたので、僕の先見の明が明らかになったとともに、京都精華の子たちに自慢できたことは一生の思い出です（笑）。

歌が上手い人は、世の中にはたくさんいます。でも、彼女はそれに加えて、人を惹きつける天性の魅力が備わっていると思います。

彼女の中にはリズムと音楽が染み付いていて、あとはひたすらその空間と時間を全力で楽しんでいる。知らず知らずに会場のみんなと見えない徒党を組んで、肩を組んで、左右に揺れて、手を繋いで。

卒部式では、メインの卒部生が遅刻したこともあり、急遽、監督あいさつでドッキリサプライズを仕掛けました。子どもたちには「三阪咲ちゃんを呼んでいたけど、会の開始時間が遅れたのでお帰りになりました。せっかくなので、テレビ電話でお祝いの言葉をもらいましょう」と、テレビ電話で話をしました。

会場に「生で見たかったな。残念……」という空気を作っておいて、「じゃあ、代わりに俺が歌うわ！」とアカペラで、あいみょんの『君はロックを聴かない』を歌い、サビが終わったところで音源ドーン！と同時に、咲ちゃんが走って登場！

会場は「ギャーー！」と一気に盛り上がり、サプライズは大成功！用意していたものを、その場の雰囲気に合わせて変える、越智の得意技です。

咲ちゃんがキラキラと輝き過ぎて、彼女が手を振るだけで、うちの子たちは「ギャー！」。目が合うだけで「ギャー！」。みんなの目がキラキラして、来てもらって良かったと、心から思いました。

そして、3年生の夏に「歌手になりたい！」と言って、サッカー部を引退した子がいたので、サプライズで咲ちゃんとその子でセッションをしてもらい、音響志望の3年生にもアシストしてもらいました。それも、良い経験になったことでしょう。

卒部式の最後は、越智から3年生と保護者への感謝ムービーを咲ちゃんのナマ歌つきという贅沢な環境でお届けさせてもらいました。

その前の、子どもから親への手紙は読みながら泣いていたのに、次の瞬間にはケロっとした笑顔で、保護者も咲ちゃんと一緒に写真を撮って喜んでいました（笑）。

今回の卒部式で伝えたかったこと。それは「願いは叶う」ということです。ただし、願うだけでは叶いません。「願って動く」と叶います。

自分の願う夢や目標は動きません。逃げません。全国優勝もダイエットも彼氏を作ることも逃げません。叶わないのは、自分が一歩踏み出していないから。時間の経過とともに、自分が逃げ出してしまったからではないのかな？

そんなメッセージが彼女たちに伝わっていたら、うれしく思います。

翌年はファッションショーを開催

２０１９年度の卒部式はファッションショーをしました。卒部式の半年前に知り合いの女性ブランドのファッションショー&ディナーにお呼ばれし、その世界を初めて目の当たりにしました。プロのモデルさんだけでなく、知り合いや子どもたちもドレスアップしてモデル歩きをしている姿を見て、「ファッションショーって、意外と身近なものなんだ」と感じ、「これを卒部式でやろう！」と思ったのです。

時を同じくして、京都精華9期生のミクちゃんが名古屋の専門学校を卒業し、ウェディングプランナーの職に就くとの情報をキャッチしました。

子どもたちに、誰がプロデュースしたのかを内緒にしておいて、終わったあとに「実はこのファッションショーをプロデュースしたのは、先輩のミクちゃんだよ」と打ち明けると「かっこいい！」となりますよね。数年前まで、一緒にグラウンドでボールを蹴っていた先輩が、高校を卒業して、綺麗になって仕事をしているのを見ると、何らかの感情が湧いてくると思うんです。これがきっかけで、ウェディングプランナーという職業があることを知り、「私もなりたい」と思う子もいるかもしれません。

ミクちゃんには名古屋から2度も打ち合わせに来てもらい、当日を迎えました。3年生たちはバッチリメイクをし、制服を着こなし、着崩し「めっちゃ緊張する……」と言いながらも、扉が開いて音楽がガンガン鳴る中、卒部式の会場へ、スポットライトを浴びて歩き出して行きます。在校生や保護者の方などの、多くのスマホやカメラが自分に向けられる非現実さ、そして快感も覚えたことだと思います。

2019年度の卒部式ではウエディングプランナーの職に就く予定のOGに協力してもらってファッションショーをプロデュースしてもらい、大成功！

このサプライズの対象は、卒部生の保護者のみなさんです。3年間、サッカーのユニフォームを着て、輝いた子どもたちの姿をたくさん見せてあげられたとは思いますが、それとは違った一面もお見せすることができたのではないかなと思います。

卒部式の最後には、ウェディングプランナーの卵、ミクちゃんが作ったサプライズムービーを上映。最近の結婚式で流行っている、当日の様子を撮影し、急いで編集して最後に流すアレです。そして、ミクちゃんから越智へのサプライズがありました。卒部式会場の席につくと、そこには手書きのメッセージカードが！

「今回、私にこんな素敵な機会を与えてくれて、本当にありがとうございました。精華のみんなと少し関わることができて、すごくうれしかったです。社会人になる前のこのタイミングで――――」

正直、めちゃくちゃうれしかったです。結局、サッカーで言う「周りを観る」「判断する」とは、思いやり、相手を気遣うこと、気を利かすことの延長線上にある気がします。

そう考えると、サッカー以外のものから、サッカーへのアプローチも可能であり、サッカー以外で獲得したものも、これから先の人生を歩んでいく上での武器になるのではないかと思うのです。

得た情報をすぐに使わない

今回のファッションショーは、半年かけて企画を温め、準備をしました。いまの時代、情報は簡単に手に入り、SNSなどで気軽にアウトプットすることができます。良い情報やおもしろいものは、すぐに使ったり、シェアしたくなるのが人間です。先日行った講習会で習ったこととか、海外ではこれが主流の戦術だとか……。でもそんなこと、子どもたちにはまったく関係ないんですよね。今のうちらのチームにその情報や技術、戦術が必要なのか？という話です。手に入れた情報が、いま目の前にいる子どもたちにとって、有益な物なのか？それを吟味、咀嚼することが大切で、その「間」が僕はめちゃくちゃ長いと思います。頭の中の引き出しにたくさんのストックがあり、それをいつ、どのようにして子どもたちに渡すか。置くか。突きつけるか……。

そのタイミングと伝え方が、すごく大切だと思っているんです。

例えば、美味しいおでんがあったとして、それを夏場に、炎天下の中で「どうぞ」と言われても……という話じゃないですか。スポーツや学校教育の現場では、「夏場のおでん」がまかり通っているように思えてなりません。大人のエゴ、大人のタイミングで子どもたちに押し付けている。そりゃあ、夏場におでんを食べろと言われて出されたとしても、子どもはきっと食べますよ。でも、それが心から美味しく食べて、栄養になるかというと、消化不良を起こすか、吸収されないまま、体の外に出てしまうかのどちらかでしょう。

すべてにおいてタイミングが大切で、それは自分のタイミングではなく、相手のタイミングです。だから僕は、夏ではなく「冬場のおでん」のような渡し方、伝え方をしたいと思っています。

希望進路の大学生とＬＩＮＥ交換

大人が投げかけることが、子どもたちの長い将来の一助になればいいなと思っています。それは、もし僕が男子の高校サッカーの監督になったとしても、変わらないでしょう。男子の場合は、なおさら将来のことやキャリアプランについて、いろいろな刺激や情報を与えると思います。

そして「偏差値の高い大学に行ける準備をしておけ」と言うと思います。極端なことをいうと、早稲田大学や慶應大学に入って、一流の商社に入ればどこかのタイミングで年収が一千万円になるじゃないですか。その時点で勝ちですよね。

最近、起業家やYouTuberが「学歴は関係ない」と言いますが、多くの普通の人は、学歴と収入が比例します。高校サッカーを頑張っている先生は、学校で体育の先生をしていたら、生徒たちをサッカー推薦でいい大学に入れることで頭がいっぱいだと思います。

そもそも、多くの人が勉強に打ち込む高校時代に、サッカーばかりしていることは、普通のレールから外れる行為なわけです。まずはそれに気がつかないといけません。だからこそ、男子には特に社会のことを教えると思います。

サッカーをしたくて大学に行くのであれば、学費免除がつかなければ行かない方がいいと思います。親元を離れてサッカーをしたい子は、それぐらいの覚悟がないと行くべきではない。そう思います。実際にサッカーの能力が高ければ、満額とはいかないまでも、学費免除の対象にはなります。

進路に関しては、子どもたちの能力と性格的な気質、家庭環境、経済力を参考に、この大学が合いそうだな、この子のプレースタイルなら、この大学だなと判断します。女子は最終的に、結婚すると家を出ます。それならば、結婚するまでは家にいた方がいい。それが親孝行になりますから。高校を卒業して家を出た子の親御さんは、みなさん「寂しい」と言うんですよね。

２０１９年度の卒業生は、１人だけ、サッカーを高いレベルで続けたくて、京都府外の大学に進みました。それ以外のサッカーを続ける子は、親元から通っています。大学では勉強の道に進む子が多いですが、卒業生たちのSNSを見ると、「男子と一緒にフットサルの大会に出て優勝した」などの書き込みがあります。そりゃあ普通の女の子より上手なわけで、ミックスの大会に出たら最強の助っ人ですよね。

ある関西の名門大学に、推薦で入学した子がいました。その子が高校2年の時に、その大学と京都精華が練習試合をしたことがありました。その時に、相手チームの子をつかまえて「どうやってこの大学に入ったの？」「高校時代どれくらい勉強したの？」などと聞き出し、「うちのこの選手も、あなたの大学に入学させたいから、どうすればいいかレクチャーしてあげてよ」と言って、ＬＩＮＥを交換させたことがありました。良い大学だったので、その子が合格したときは職員室がざわつきました（笑）。

京都精華の1期生でキャプテンを務めた子は、現在、歌舞伎町のおしゃれなバーで店長をしています。卒業生の進路はバラエティに富んでいて、その多様性が好きです。人生を豊かに、世界を広げて、やりたいことをやってほしい。高校3年間という多感な時期に関わったのだから、様々な経験をさせてあげたいし、いろいろな世界を知ってほしい。そして、卒業後も良い人生を歩んでほしい。そう思います。

夏休み前にイベントを開催

２０１９年の夏休みは８月９日から13日まで、５日間連続でオフにしました。オフの前日は走り込みでも試合でもミニゲーム大会でもなく、イベントをしました。

近年、部員がコンスタントに45人前後になるので、全国に行くことよりも大切な仲間とのつながりを育むことに力を入れています。

例えば遠征に行くときも、ただサッカーをして終わりではなく、ボーリング場に行ったり、無人島に行ったりとサッカー以外の活動をする中で、それぞれの良さが輝いたり、学年の枠を自然と越えることができたりします。

２０１９年の夏は３つのイベントを行いました。それが「ハートフルチャレンジ」「２人オシャレコンテスト」「ペア合体ニコニコランチタイム」です。

「ハートフルチャレンジ」は、「制限時間内に、どれだけの人に席を譲れるか？」という取り組みです。部員で２人１組のペアを作り、地下鉄１日乗車券（６００円）か、市バス京都バス１日乗車券（６００円）のいずれかを購入します。終了時刻は午前11時。スタート時間は各ペアで決めます。２人組でいる時に譲った場合は１ポイント。車内で２人が離れていて、１人で譲った場合は２ポイントとします。チームでこの取り組みをしていることは、周りの

高校３年間という限られた時間をサッカーだけでなく、選手たちには
いろんな体験を通して成長してほしいので、常にイベントごとは考えています

人に言わずにチャレンジします。2人の合計ポイントがいくつになったかを、越智に報告します。

続いての「2人オシャレコンテスト」は、オシャレ画像を〝映える〟場所で撮影し、どのペアの写真が一番映えたかを、チーム内の投票で決めます。

3つ目の「ペア合体ニコニコランチタイム」は、11時にハートフルチャレンジが終了した時点で、4人組になるようにペア合体の指示を出します。その4人で待ち合わせ場所を決めて、京都っぽい場所を1か所巡り、4人でランチをします。そして、4人の京都映え画像とランチ画像の報告をしてもらいます。

それぞれ優勝者にはご褒美をあげます。2人組から4人組になることで、学年をミックスさせて世代の垣根を取っ払うのが、目的のひとつです。

強制的に席を譲ることに賛否両論あるかも知れませんが、絶対にやろうと決めて、温めてきた取り組みです。

サッカーは自由に駆使できる手と違って、不確定要素が多い、足を使ってするスポーツです。相手が考えていることの裏をとったり、次に起こりうる2手、3手先を考えることがポイント。そのためには周囲に気を配り、空気を読み、ここだと思ったら瞬時に決断して実行する行動力が大切なのです。

車内で席を譲るためには、まずは自分が座る必要があります。どの時間帯なら座りやすいのか、人が多いのかを考えることから始まり、席に座ったら、周りの乗客を観察します。「この人は何歳ぐらいなんだろう」「私が隣にずれたら、この人たちは隣り合わせで座れるのにな」「この人は妊婦さん？　それとも……」みたいな。

子どもたちの動きを想像するのもおもしろいです。このペアは早くスタートして、ラッシュ時を狙ってるのかなとか、イベントだからってのんびりな時間設定をするペアもいます。参加はしないけど、想像はする。妄想する。これが大事です。おそらく、このチャレンジをしているときは、普段は電車に乗ったらすぐスマホを見るのに、そんな暇もなかったのではないでしょうか。

このイベントのメインは席を譲ることなのですが、電車やバスに乗りながら、映えポイントでオシャレな写真を撮ることや、他のペアと合体してランチをすることも盛り込んでいるので、どんな洋服を着て行こうかなどを考えることで、イベント感が強くなり、強制感、いわゆる「やらされている感」がどんどん減っていきます。これも仕掛けです。

その続きは、ひとりで電車やバスに乗った時に『あっ！』と気がつくシュチュエーションが増えること。その時に、どんな行動をとるか。それが大事なことです。サッカー部の活動の中で行った、サッカー以外の取り組みが身になり、あるとき「あれ私、成長してる!?」と気がつけたら最高です。

この数時間の取り組みが人生を揺るがすキッカケになることもあるかもしれないし、単なるイベントで終わっちゃった子もいるかもしれません。でも、それでいいんです。

チームビルディングで無人島に行く

チームビルディング兼思い出づくりとして、毎年実施しているのが、無人島に行くことです。岡山県の瀬戸内海にある島で、そこには昭和に建てられた、宿泊研修で泊まるような施設があります。元プロ選手の高瀬さんという友人が運営に関わってるご縁もあり、利用させていただいています。電気も水道もあるけどとにかく不便。夜は真っ暗で、周囲は海に囲まれています。

そこでまず、火起こしから始めます。あえて冬に行くのですが、それはなぜかというと火の大切さを知ってほしいからです。寒いので、火がついただけで、みんなが「おー！」と感動します。

これまでも繰り返しお伝えしていますが、子どもたちには非日常を経験させてあげたいと思っています。星がきれい、夜は暗いといったことを、いまの子は知らないんです。もしかしたら、京都精華の女子サッカー部に入らなければ、無人島に行くことも一生なかったかもしれません。そんな子たちに、何か影響を与えられたらいいなと。これをきっかけに、アウトドアやキャンプが好きになることも考えられます。大学生や大人になって、キャンプに行ったときに活躍できたら最高じゃないですか。

無人島では、ログハウスに泊まります。電気も通ってて、ユニットバスもあるので不自由はありません。その環境下で、自分たちで火を起こしたり、日常でしない経験をしていきます。不思議なもので、夜に火を囲んでいると、自然と語り合いたくなるんです。火があるだけで、無言でも間が持つんですよね。気まずいとか、誰かが喋らなければいけないという空気にならない。気がついたら、真剣な話をしていたり。

この「気がついたら」というのが仕掛けです。こちらは、シチュエーションを用意するだけ。もちろん、そのシチュエーションは何がいいのか、何がベストなのかは常に考えていますが。

無人島での部屋分けだけは珍しく、学年別にしています。普段ならテレビドラマの話や友達の恋話みたいな話ばっかりなのに、火を囲むという非日常なシチュエーションを用意してあげることで、深い話をするきっかけになります。教室でミーティングをするよりも、島に連れて行って火を囲んだ方が、よっぽど効果があります。選手同士の絆も深まりますし。

これを「お前たち、話し合え」「ミーティングしろ」というトップダウンではなく、場と雰囲気を提供することで、その方向へと仕向けていく。それが仕掛けです。

自粛期間中の仕掛け

コロナによる活動自粛が始まった当初は、何をしたらいいのか手探り状態でした。しかし時間が経つにつれて、何かしたほうがいいのではないか？　という気持ちが沸き上がってきました。

そこでキャプテンに連絡をして「そろそろキャプテンから、みんなに何か投げかけた方がいいんじゃない？　体力も落ちてきているだろうし」と言うと「そうですね」と返事があり、数日後にキャプテンが全員のＬＩＮＥグループに、リフティングのメニューを送りました。そして「リフティングの様子を動画に撮って、ＬＩＮＥグループに投稿しましょう」と呼びかけました。

この「キャプテンが呼びかける」というところがポイントで、監督である僕がＬＩＮＥグループに「自主練でこのリフティングをして、できた人から動画を投稿してください」と送ると、子どもたちの気持ちとしては「監督からなんか来たぞ」と思いますよね。

リフティングをするのも、動画を撮るのも、ＬＩＮＥに投稿するのも、「やらされている」感覚になってしまいます。でも、これはキャプテンが発信したことなので、（裏で仕掛けたのは僕ですが）「みんなでリフティングをして動画を撮りましょう」と、グループ内のポジティブな活動として受け止めることができます。

キャプテンの投稿に、僕が「いいね」とコメントを入れたら、何も知らない中村コーチも「いいね」とスタンプを送ってくれました。そこで僕が、「優勝した人には、マスクかトイレットペーパーのどちらかをあげる」と入れたりして。仲間であるキャプテンからの発信なので、子どもたちは受け入れやすいんです。

企画を思いついたときに、誰にやらせた方がいいのか、どの角度から仕掛けるかは、常に考えます。それも渡し方やタイミングと同じぐらい、大切なものだと思っています。

やんちゃな子を努力させる仕掛け

ある年に、やんちゃな子が入学してきました。中学時代は附属のサッカー部だったのですが、練習している姿を見たことがありません。グラウンドに来てもチームメイトをいじり倒しているような感じで、その子が高校でサッカー部に入ったら、同級生は誰も入らないんじゃゃないかと危惧するぐらいの子でした。

でも、彼女は背が高くてスラッとしていたので、選手としてのポテンシャルはあるなと、僕は思いました。そこで賭けに出て、高校に入学する直前、中3の3月に行われた大会に、Aチームのセンターバックで起用し、高3のメンバーと一緒にプレーさせました。

高3と一緒にプレーしている姿を見て、彼女のポテンシャルを再確認するとともに、気になることがありました。彼女は中学時代、サッカー部に入ってはいましたが、まともに練習していません。そんな子が高校に入って、いきなりレギュラーになったら、真面目に練習していた周りの子は、おもしろくはないですよね。僕に対して、不信感を持つかもしれません。それも計算通りです。

そして、同じ1年生の中に「あの子が試合に出られるんだったら、私も出られるかもしれない」と思う子が出てきました、それも計算通り。しめしめです。

中学時代のうまい順に試合に出していたら、7、8番目くらいの子は諦めてしまいます。そうならないために「高校に入ると、フラットな競争が始まるから、きみたちも頑張れば試合に出られるぞ」という暗黙のメッセージを送ったつもりです。

そして、やんちゃな子はいきなりトップチームに入れられ、センターバックという試合の行方に直結するポジションを任されたことで、周りの子に目を向けることがなくなりました。

そして、周りの選手は「あの子が出ているんだから」と努力し始め、チームの雰囲気も変わっていきました。

その子は3年間で、チームに多くのものをもたらしてくれました。きっと陰で、相当努力したことでしょう。越智の繰り出す、トンチンカンな無理難題メニューを真っ先にこなすのは彼女でしたから。

その子が卒業したあとに、何かのイベントで在校生にメッセージをくれたことがありました。そこでは「越智さんは普段は適当な感じなのに、自分たちに技術をつけさせてくれたのはすごい。そのすごさは一言では語れません。だからいまの子たちも、高校を卒業したらわかると思うよ」と言っていました。

余談ですが、京都精華の卒業生は、大学のサッカー部に入ると、口を揃えたようにこう言います。「大学のサッカー部に入って、周りの選手の技術が低いことに驚いた」って。ただ、「体力とヘディングは、他の学校の子には勝てない」とも言っています（笑）。

ヘディングも立派な技術です。僕の仕込みがまだまだ足りないのですが、うちに来る子のほとんどが、フィジカルエリートでも、中学時代に将来を嘱望されている選手でもありません。裏を返せば、だからこそ技術がなくては生き残っていけないわけです。一度身につけた技術は衰えないので、大学生になって体育会サッカー部でプレーするだけでなく、サークルでフットサルをしたり、ママさんサッカーで高い技術を披露しているのを見ると、うれしくなります。

第3章

サッカーもビジネスも「ベースは同じ」

誰しもいろいろな顔を持っている

僕は京都精華の非常勤講師以外に、なでしこリーグ・バニーズ京都のゼネラルマネージャーをしています。少し前までは、ひとつの職業に専念することが良しとされていましたが、時代は変わり、大企業も副業ＯＫ。ひとつの仕事だけでなく、リスクマネジメントの観点からも、複数の仕事を持つことの重要性が認識されていきました。

少し情緒的な話をすると「いくつもの顔を持つ」ことは、ダメなことのようなイメージがありますよね。でも、誰しも家庭と職場、学校では違う顔を持っています。良くも悪くも繕って、演じて毎日を過ごしています。

京都精華サッカー部のみんなだって、仲の良い雰囲気は出しますが、選手選考の権限を持つ越智には、少なからずとも気を遣ったり、演じたり。普通の高校では少なからずではなく、完璧にだとは思いますが（笑）。

泣きたいのに我慢したり、笑いたいのに堪えたり、場の空気を読むことが美徳なら、場の空気を変える存在でありたい。そう思うのは、おかしなことでしょうか？

昨今の働き方改革、兼業、副業、時短勤務。コロナ以降はそこにリモートワークが加わりました。どれもこれも、自分からすると以前からしてきたこと。それは決して時代を先取ったわけではなく、これは正しい！　と思うことを、今だ！　と感じて実行してきただけのことです。

その結果、学校以外のお仕事やご縁も多くなり、いまに至ります。学校というひとつの世界のことだけでなく、広く社会を知ることで、子どもたちに還元できることがたくさんある。心から、そう思います。

社会に出てお会いする、「この人、すごいな」という人は肩書をたくさん持っていることが多いです。それを怪しいとか、胡散臭いとか思う人もいるかもしれませんが、肩書の多さイコール、人から求められる数だと思います。そして、その数が多いほど、ご苦労も多く、いろいろな顔や心が存在します。それは多重人格でもなく、裏表がある訳でもなく、人間として当たり前のことなのではないでしょうか。

とにもかくにも、みんな毎日いろいろな顔や心があると思いますが、できることなら、笑顔の絶えない京都精華学園女子サッカー部にしていきたいと思っています。

相手を基準に物事を考える

越智はチャラくて、カッコつけで目立ちたがり屋ですが、意外にも「相手のことがすべて」

僕は一見、チャラくて、カッコつけで目立ちたがり屋ですが、
「相手のことがすべて」という考え方を大切にしています

を基準に行動するように心掛けています。自分の主張や意見、周りからどう見られるか？が基準になると、本意でない伝え方や言葉を発してしまうことがあるからです。

わかりやすく言うと、「目の前のお客様の為」と言いながら、実は頭の中には上司の姿が浮かんでいたり、ノルマによって自分の言動が制御されてしまわないか？ということです。

学校で教員が子どもに対して怒る時は、結局、上司（管理職）にどう見られるか？を考えていたり、あるいは自分の基準や期待に子どもが達していないからといったことも多いと思います。

サッカーはミスをすることを前提としたスポーツです。勉強も同じで、わからない、知らないから勉強しているわけで、テストで100点が取れないのは当たり前。むしろ100点を取られたら、出題者としては悔しい（笑）。

指導者や教員の中には、子どもに怒ることが仕事のようになっている人、いませんか？

そのときに思うのが、「相手は子ども（大人より未熟）なのだという視点が抜け落ちているのではないか？」ということです。

大人を始め、上の立場の人は経験が豊富で正解を知っています。だからこそ、ついつい自分の求めるところまで「速く」到達してほしいと思ってしまいがちです。

例えるなら、お金がない学生時代は鈍行列車や夜行バスを使っていたけど、大人になって新幹線に乗るようになったら、夜行バスなんて乗っていられないと思うようなもの。それにも関わらず、お金のない学生に「おい、お前ら！ 新幹線に乗って早く来い！」と言っていませんか？ 正解や素晴らしい景色を経験しすぎると、自分が前提や基準になってしまいます。大人になって経験が増えてくると、できなかった、何もわからなかった子どもの気持ちを忘れてしまいがちです。そうならないためにも「相手のことがすべて」という考え方を大切にしています。

お土産には命をかける

相手のことを考えるのは、サッカーでもビジネスでも大切なことです。そして、ときには言葉だけでなく、態度で表すことも必要です。

その方法のひとつがお土産です。おおげさに聞こえるかもしれませんが、お土産には命をかけています。京都から出て、人に会うときは手土産を欠かしません。

お土産にはセンスが出る。これが持論です。「あの人は何をもらうと喜ぶのだろう？」と想像するところから始まり、相手の行動パターンに照らし合わせて、荷物にならないものがいいのか、食べ物がいいのかなど、あらゆるシミュレーションをします。

僕がよくするのが、相手の奥さんへお土産を渡すことです。これを書くとネタバレになってしまうので、本当は書きたくないのですが（笑）。

京都で有名な、美容に使うパックを「奥さんへのお土産です」と言って渡すと、家に帰って、その人の奥さんに対する株も上がりますし、奥さんも「誰にもらったの？」と気になりますよね。そこで「京都精華の越智さんからもらった」というと印象に残るわけです。これが、ありきたりの京都の八つ橋であれば「誰にもらったの？」とは、わざわざ聞かないですよね。

この想像力であり、ひと手間かけることが、効果をもたらします。お土産を渡す相手の向こう側にいる人、それが子どもなのか、奥さんなのかを、常に考えて選んでいます。

過去に、手土産で驚かされたことがありました。鹿児島の神村学園と練習試合をしたときのことです。練習試合が終わって車に戻ると、トランクに焼酎が置いてあったのです。それを見た瞬間「やられた！」と思いました。普通なら「これ、よかったらどうぞ」と直接渡したくなるところを、あえて言わずに、さりげなく置いておく。このスマートなやり方に悔しくなり、あえて気がつかないふりをしました（笑）。

誰が置いたのかはすぐにわかったので、その人にありがとうとは言わず、目で合図を送ったら、向こうも「気づいたのか」という感じで返してきました。そこに言葉はありません。

達人同士の無言の応酬です（笑）。

ただサッカーが強いチームを作るのではなく、そこには魂みたいなものが必要だと思っています。僕の魂は、グラウンドに入るまでのおもてなしです。そして試合では、子どもたちを自由にさせます。その自由奔放さの表面だけを見て、こうすればいいんだと真似をしてもうまくいかないはず。安易に僕の真似をすると失敗するし、京都精華が〝チャラい〟と思う人は、うちには勝てないでしょう。本質を見誤っているからです。

その意味では、僕の自慢は子どもたちです。背伸びせず、窮屈でなく、ありのままを出せていると思います。10段階のうち6の力を持っている子は、きちっと6を出せる。それを指導者の声かけで、8にしようとして、結果として5になっているケースをたくさん見てきました。子どもが持っている力を出させてあげないのは、指導者の腕のなさだと思います。

すべてはマネジメント

スポーツは心技体が大切だと言われています。ビジネスもそうですよね。この3つがそろっていないと、良いパフォーマンスを発揮することはできません。ベースは同じです。

でも、多くの指導者は体や技に重点を置き、心の部分がおろそかになっているように思います。

体は脳と心の指令によって動きます。大人でもそうですよね。気分が乗らないと、仕事のパフォーマンスも落ちます。月曜日から金曜日まで仕事で、土日が休みの場合、どうしても月曜日や週の真ん中、水曜日のテンションは下がります。

やる気やモチベーション、作業効率を加味したら、週末の連休よりも、水曜日を休みにした方がいいですよね。その工夫も仕掛けです。月曜日、火曜日に仕事を頑張れば、次の水曜日は休み。そして気分をリフレッシュして、木曜日からまた始動し、3日間働けば休みが来ると思うと、モチベーションも高まります。

1日8時間勤務なのであれば、9時~17時ではなく、7時~15時でもいいと思うんです。そうすれば満員電車も避けられますし、仕事終わりのプライベートな時間も充実します。無駄な飲み会もなくなるでしょう。家族と過ごす時間もたくさんとることができます。

このように、人間の持っている能力を引き出すためには、様々なやり方があります。常識を疑い、ちょっとしたことを変えるだけで気持ちも変わり、結果も変わります。それがマネジメントであり、仕掛けだと思っています。

京都精華は附属の中学校があるので、中学生と高校生が一緒に練習をすることもあります。そうなると、中3から高3まで、4学年がひとつのグラウンドでプレーするわけです。

そこで大切なのが、学年を越えたコミュニケーションです。中学生からすると、高校3年生は「全国大会に出た、偉大な先輩」と映ります。その状態で、2人組の練習をするときには、あえて下級生と上級生とでペアを組ませます。そして、上の学年が下の学年に降りていき、教える空気を感じ取ってもらい、互いにコミュニケーションを深めてもらいます。

そうやって、日頃からコミュニケーションをとれるようにしておくと、問題が起きてもすぐに対処することができます。病気と同じで、普段から検診しておけば、問題が起きたときにすぐに見つかるのと同じです。しかし、普段から気を遣わずに放っておくと、気がついたときには、取り返しのつかない状態になっていることがあります。

僕は常に子どもたちとコミュニケーションをとり、また子どもたち同士もコミュニケーションをとるように仕向けているので、病気になる前に解決できているのかなと思っています。

空気を読んで、伝えるタイミングを変える

僕はなでしこリーグのクラブ「バニーズ京都ＳＣ」のゼネラルマネージャーも務めています。２０１９年は、この試合に負ければ入れ替え戦に回らなくてはいけないという、大一番

がありました。

GMとしては選手になにかしらのメッセージを伝えたいのですが、どのような方法で伝えればいいのか、すごく悩みました。というのも、シーズンが始まってから様々な方法で伝えてきたので、大一番を前にどうすればいいだろうとネタ切れになってきたのです。

試合までは2日しかなく、トレーニングもコンディショニング中心。シーズンも佳境なので、心身ともにベストの状態で送り出してあげたい。最初は選手全員に、メッセージ性のある曲の動画を送ることを考えました。LINEでこの前の試合について振り返り、準備期間が2日しかないこと。その中でできることを考えよう。チームがひとつになろうというメッセージを入れて、そのメッセージに合った曲のYouTubeの動画を送ることを考えました。

でも、過去にも似たようなことをしたので、繰り返しになるし面白くない。それで、LINEの音声メッセージを使い、ラジオDJ風に伝えることを思いつきました。最悪、それを選手たちに送って「越智さん、また変なことして（笑）」と思われてもOK。1人でも、2人でも心に響いてもらえばいいと思い、自室にこもり、スマホに向かって「FM0011（おっちー）」というふざけたタイトルでトークを吹き込みました。ちょうどその頃、ラジオに出演したので、これは使えるなと思っていたのです。

何を話すかという原稿は一応用意するのですが、決め打ちはしません。そのときの雰囲気で内容をどんどん変えていきます。バニーズの試合の日は全員が集合したときと、試合直前の2回、短いミーティングがあります。そこでGMの僕は監督に「今日は話をしたいので時間をください」とお願いして、その時々の状況にあった話をします。

そこでも、一応準備はするのですが、これは違うなという空気を感じたら言いません。準備したことを、状況を考えずに出したくなる人も多いと思いますが、違うと感じたら直前で変えます。最後のところで変えられる余白を残しておくことは、いつも意識しています。準備したことを披露するのが目的にならないように、気をつけています。目的は選手たちに気分良く試合に臨んでもらうことですから。

社会性を育むために短時間で集中する

学生にとっての社会が、学校や部活動、塾など（あと、たまにアルバイト）であるならば、働くようになってからは、会社や職場が社会になります。いわゆるホワイト企業は週休2日、7時間労働（休憩は1時間）です。週休2日（2×4週×12ヶ月＝96日）。有給あり。お盆、年末年始は休みで、年間の休みは100日以上。1日の労働時間は7時間で、それを越えると残業手当がつきます。

一方、学校、部活動はどうでしょうか？　月曜から金曜日、授業は8時半～15時半まで。その後、部活動が18時半ごろまで。拘束時間は10時間程度。学校によっては、部活の年間休みが数日しかないところもあります。それではたして、社会性を育むことができるのでしょうか？

僕はどこよりも、社会性に満ち溢れた部活を運営したいので、授業時間＋部活をトータルで考えています。だから、練習時間は70分程度です。塾に行く時間、友達と遊びに行く時間、体を休める時間を確保し、その上で全国大会出場を目指します。年間のオフ日を、１００日に近づけるのが目標です。

高校3年間で部活に打ち込んだ経験。苦しかった夏合宿での追い込み。それが人生の役に立っていると思っている人もいるかもしれませんが、そう思える人だけではないですし、それはあくまで過去のこと。大人になったいまだからこそ、受け入れることができていることを忘れてはいけません。

夏休みは部活に明け暮れる1ヶ月半ではなく、学業という学生の本分に割いていた時間が軽減された分、いかに自分作りや楽しみに充てられるか。それにチャレンジする期間だと思っています。

京都精華の場合、1学期の期末テストが終わり、夏が近づいてくるとそろそろ始まる祇園祭が彼女たちの頭の中を占めます。夏休みは海やプール（琵琶湖も含む）には行っておきたい。夏休みを一緒に楽しむ彼氏も欲しい。でも、3年生になると受験が迫っているし……。そんな彼女たちの頭の中、心理状態を読み取って、どうアプローチするかが、指導者の腕の見せどころなのです。

僕は夏休みが始まる前に、休み期間中のスケジュールを出します。7、8月のいつが練習、試合、遠征で、いつが休みかを早めに決めるので、旅行や帰省などの家庭行事も入れやすいです。子どもたちはスケジュールをもらった瞬間、いつが休みなのかを確認しますし、保護者も見通しが立つので喜びます。スタッフもしっかり休みをとり、実家に帰ったり、旅行にも行けます。これが大事なんです。

しっかり休んでケガをしない。サッカーを好きでい続けられる様に、指導者が工夫をする。学生時代は、毎日仲間と顔を合わせるのが当たり前で、部活をしているとなおさらです。でも、休みをしっかりとることで、休み明けに、「あの子、なんか雰囲気変わったな」となることもあるじゃないですか。青春しながら、サッカーがうまくなり、目標を達成する。それが、将来的に社会性を育むことにつながると信じています。

渡すタイミングで価値が変わる

この本を読んでくれている人は大人が多いと思うので、指導やコーチングをお酒の席に例えてみたいと思います。

上司と一緒に飲みに行って、上司のペースで、トップダウンで焼酎やウイスキーをストレートで飲まされるとキツイですよね。でもそこに炭酸や水、レモンが入ると飲みやすくなります。甘いシロップや梅干しを入れると、味も変わります。それは、与える側（大人や上司）の仕事です。

その工夫と努力をせずに、グラウンドに行ってサッカーを教えているのが、大多数のサッカーコーチであり、授業をしているのが先生だと思います。受け取る側がどう思うか。相手にとって受け入れやすくなっているかに、もう少し目を向けてみてもいいのではないかと思うのです。

学校の授業も同じです。僕は体育の非常勤講師をしていますが、体育が得意な子、苦手な子関係なく、すべての生徒に楽しんでもらえるようなアプローチをしています。

例えば、サッカーのリフティングが3回しかできない子と100回できる子がいたとして、3回しかできない子が、嫌な思いをしないようにするにはどうすればいいか？　を考えて、ルールを工夫します。

そこで「この子、3回しかできないから」とみんなの前で言うのは最悪ですし、「3回しかできないんだから、無理するなよ」と言ったら、言われた方は傷つきます。

レベルの低い子に合わせると、上手な子は退屈ですが、どのようにしてバランスをとるかが腕の見せどころです。

そして3回しかできなかった子が、5回できるようになったところを見逃さず、次の授業のときに「3回だったのが、5回できるようになったね」と言うと、言われた方は「えっ、見てたんだ。いつの間に⁉」と驚くと同時にうれしくなりますよね、きっと。

その場で褒められるのと、数日後に褒められるのとでは、どちらが心に響くでしょうか？ 僕は後者だと思います。この「言うタイミング」はめちゃくちゃ大事です。タイミングがすべてと言ってもいいかもしれません。何を、いつ言うか。それによって、相手の受け止め方や言葉の価値までが変わっていきます。

例えば「五百円ちょうだい」と言われて、その場ですぐに渡すと、五百円の価値しかありません。でも、その日の夜、相手の家まで行って「はい、さっき言ってた五百円」と渡したら、「え⁉」って驚きますよね。その瞬間、同じ五百円なのに価値が変わります。

そして、もらった方は「この五百円はせっかく持ってきてくれたものだから、大事にとっておこう」と思うかもしれません。そうなったら、五百円以上の価値が生まれています。そう、某コマーシャルにあるような、プライスレスになるのです。ストレートに表現するのではなく、付加価値、プライスレスをどう作るか。僕は常にそれを考えています。

キーワードは「熟成」

プライスレス、付加価値を作るためのキーワードは「時間」です。時間という概念をどうとらえるか。仕入れた情報、手に入れたものをすぐ使うのではなく、しかるべきタイミングまで熟成させ、ここだ！というタイミングで使う。そうすることで、効果が何倍にもアップします。

例えばウイスキー。できてすぐ飲むのではなく、何年か寝かせて、飲み頃になるとすごく美味しい。待ったからこそ、コクや深みが生まれます。

ビジネスにおいてスピードは重要ですが、ＬＩＮＥやメールの返事も、すぐに返さずにタイミングを計ることもあります。

上司からのＬＩＮＥが来ていたことに気がつかず、夜の8時に見てしまったとします。そこで、どのような行動をとりますか？

「すみません、いま見ました」と、そのタイミングで返信するのは普通です。相手からすると「いままで何してたんだ」となりますよ。怒らせてしまうかもしれません。

でも、翌日の朝5時に「おはようございます。昨日は連絡できずに失礼しました」と送ったら、LINEを受け取った側はどう思うでしょうか？

「こんなに朝早くに返信して、頑張っているんだな」と思いますよね。早起きして、仕事をしているんだと、良い方に解釈してくれるかもしれません。管理職など、仕事ができる人の多くは早朝から仕事をしています。上司の覚えもよくなるかもしれません。

これは「LINEを見逃した」というマイナスに対して、すぐに反応するのではなく、熟成させることでプラスを生み出すという高等テクニックです（笑）。

それはさておき、熟成させることで価値が何倍にも高まることはあるので、すぐに反応するのではなく、「いまが最適なタイミングなのか？」は、常に自問自答しています。

また、ビジネスマナーの基本として、何かあったときの翌日に「昨日はありがとうございました」とお礼の連絡をすることがあります。これは、多くの人がする行為なので、すること自体にプラスはありませんが、しないことで「あいつはお礼の連絡ひとつも寄越さないやつだ」と思われると、マイナスになります。

みんな、このマイナスを恐れて連絡をするというマインドになっていると思いますが、ゼロの状態からアクションを起こすことよりも、マイナスの状態からの方が、伸び幅は大きい。そのことに気がついている人が、どれぐらいいるでしょうか？

翌日にプラスマイナスゼロのありきたりな連絡をしたら、やりとりはそこで終わります。でも、3日後にＬＩＮＥで済ますところを電話したり、贈り物をしたりすることで、他の人とは違うと思わせることができます。

大切なのは、どうすればマイナスをプラスに転じることができるかを考えること。ありきたりの行動ではなく、マイナスから、大きなプラスを作る行動に目を向けてみてはいかがでしょうか。

体育が苦手な子にこそ、楽しいと思ってもらう

僕は京都精華で15年以上、非常勤講師をしています。ほとんどの教員より、僕のほうが古株だと思います。非常勤なのでバニーズを始め、他の仕事もすることができます。時間も教員ほど拘束されないので、色々なところに行く時間があり、たくさんの人に会うことができます。

教員になってしまうと、毎日学校に行かなければいけません。そうすると、学校がすべて

になってしまい、世界が広がらないですよね。指導者というか大人の役割として、外の世界で見聞きしたことを、子どもたちに還元したいと思っています。いろいろな世界を見せてあげるのも、大人の役目だと思うんです。だから僕は、全国各地に出向き、いろいろな人に会いに行きます。

授業は保健体育を教えています。週に20時間以上授業があるので、おそらく僕が、学校で一番授業を持っているのではないかと思います。

体育の授業は、子どもたちが体を動かしてなんぼです。先生だからといって、偉そうに笛を吹いて走らせるのではなく、クラスの半分ほどいる「スポーツ嫌い」の子に、どうすれば「越智さんの授業はおもしろい」と思ってもらえるかを、常に考えています。

体育の先生の大半が「運動ができる子」を基準にしてしまいがちです。体育の先生は自分も運動をしてきたので、運動ができない子の気持ちがわかりずらい。運動部の子に見本をさせ、できて当たり前というケースが多いと思います。

でも、運動が苦手な子、あまりやったことがない子はそれなりにいます。ずっと運動をしてきた子と、してこなかった子を比べても意味がありません。経験値が違うわけですから。まずはそこに目を向けて欲しいし、運動が苦手な子でも楽しめる工夫をしてあげてほしいと思います。

そのような工夫、仕掛けを考えるのが好きな僕は、例えば卓球の授業では、独自の設定でプレーさせています。

まず、卓球台を何台か置いておいて、試合をします。試合に勝った人は右隣のコートに移動し、負けたら左隣のコートに進んで行きます。そうすると、常に対戦相手が変わり、自分のレベルに合った相手と試合ができるようになります。

試合時間は1分30秒で行います。このぐらいの時間だと、8点ぐらいに収まるので、11対0のような一方的な試合にはなりません。さすがに11対0の試合なんて、勝った方も負けた方もつまらないですよね。スポーツができない子に、マイナスがないような設定にしたいんです。

二人一組（ダブルス）の場合は「必ず交互に打つこと」を徹底すれば、上手な子ばかりが打つこともなくなります。そうやって、みんなが楽しむことができる仕組みを作ると、僕がすることはほぼなくなり、子どもたちが勝手に楽しんでくれます。

授業のウォーミングアップでも、「2人1組で同じタイミングでゴールインする」というルールで走らせて、うまくできればクリア。できなければやり直しにします。2人組でできると4人組、6人組と増えていき、最後はクラス全員でやります。そうすると、結果的にかなりの本数を走ることになるんですね。

それを単純に「ダッシュ10本！」と言って、笛を吹いて走らせてもつまらないし、子どもたちもやる気がでません。そうではなく、ゲームっぽくして、2人1組でコミュニケーションをとらせながらやると、楽しんでできるし、結果として走らせたい運動量もキープすることができます。これは、大人の工夫次第です。

授業中に寝かせない方法

保健体育には、座学の授業もあります。おそらく過去5年間、僕が教えているクラスが一番平均点がいいと思います。なぜかというと、頭に浸透させるような授業をしているからだと思います。

毎回、授業は教科書に沿ったテーマがあるので、3人1組でグループを作ります。最初にテーマについて話をして、動画を見せて、まとめを黒板に書くという流れを10分間で作ります。それぞれ、各5分間で行います。そうすると、話し合いをしても集中力が持ちます。話す、見る、書くと短時間でテンポよく行われるので、寝る暇がありません。

なぜ授業中に寝るかというと、同じようなリズムで先生の話が流れていくからです。大人でも、同じテンションで1時間近く話されると、集中力が切れてしまいますよね。授業をする側がそれをわかっていないので、寝てしまった子に「寝るな！」と言って起こしたり。僕からすると、授業をする方、つまり教員の工夫で、寝させないようにすることはできると思います。

僕の場合、それでも寝る子については怒ったり、起こしたりしません。「疲れているんだから、寝かせておいてあげなさい」みたいな感じでいじります。そうすると、周りの起きている子は「次に自分が寝たら、こんな感じでいじられるんだ…」と思うので、抑止力になります（笑）。

教科書の読み方にも、仕掛けを入れています。まず4人組を作り、「スタート！」のかけ声で教科書を読み始めます。ルールがあり、「1文（句点の。まで）を読む」「。まで行ったら、0・1秒以内に次の人が読む」「1人3文以上読む」と決まっています。そうすると、自分が読むために、他の人が話をしているのを聞いていないといけないし、0・1秒以内に読み上げなければいけないので集中します。これも工夫です。

ある本で読んだのですが、ファイルの背表紙に線を引いておくと、きれいに並べたくなるそうです。線がずれていると気持ち悪いので。漫画『ドラゴンボール』の背表紙も、イラストがつながっていて、絵が続いています。それも1巻から順に並べたくなる工夫です。

学校の廊下の真ん中に、線を引いておくだけで、勝手に右側通行になるそうです。このよ

授業中に生徒が寝てしまうのは、教える僕ら側にも原因があるはず。
授業内容や進め方を工夫すれば寝させないようにすることはできます

うに、ちょっとした工夫ですべてが変わる。そこにどれだけ目を向けられるかが、その人のセンスだと思います。

サッカーの練習中にも、グリッドを分けるマーカーをオレンジと白にして、Aチームはオレンジ、Bは白と決めておけば、どのチームがどこで練習をするか、いちいち説明する必要がありません。でも、全部同じ色にすると毎回言わなければいけない。このようにちょっとした工夫をすることで練習がスムーズに進んだり、時間を短縮できたりします。

サッカーもビジネスも、ヒントはいろいろなところに転がっています。それをどう取り入れて、活かすか。それを考えるのは、すごく楽しいです。

Keyo

第4章

影響を受けた「スゴイ」指導者

影響を受けた、2人の指導者

僕がトレーニングで大切にしているのが、空気感です。言葉にするのは難しいのですが、選手たちが自主的に、楽しんで、ときおり笑顔も見える中で、でもやるときはやるというチームの雰囲気を作ることを第一に考えています。

それもあって、選手をいじり、サッカーとは関係ないツッコミなども入れながら、和気あいあいとした雰囲気を作っています。

その考えがあるので、トレーニングの切れ目を作らず、流れるように進んでいくようにしています。水を飲みに行くタイミングも、選手に任せています。

練習中は常に選手たちの様子を見ながら、次の練習で使うマーカーを置いて準備し、練習がぶつ切りにならない環境で次のメニューに移行します。時間と空気は流れるものなので、止めないように、流すことを意識しています。練習前の集合も、練習後の集合もありません。笛を使って選手を動かすことも、昔はありましたが、いまはないですね。

指導者を始めたばかりの頃は、ステレオタイプの体育会系の指導者でした。ジャージを着て、笛をピッピッと吹いて、ときには子どもたちを怒ってという……。いまの越智を知っている人からは、想像がつかないかもしれません。いまは私服でグラウンドに立ち、公式戦の

影響を受けた指導者の一人、塩釜FCの元代表・小幡忠義さん。
小幡さんとの出会いで僕の指導スタイルが180度変わりました

ベンチに入っています。そのことについて陰口を叩かれたりもしましたが、素知らぬふりをしています（笑）。

いまのような指導スタイルになったのは、尊敬する二人の指導者と出会ったからです。宮城県の塩釜ＦＣの元代表小幡忠義さんと、同じく宮城県にある、聖和学園女子サッカー部の国井精一先生です。お二人にお会いして、僕の指導スタイルは１８０度変わったといっても過言ではありません。

当時の僕はＡＳラランジャ京都（現 AC.gloria）という男子中学生のクラブチームの指導者をしていて、ジュニアユース年代を教えていました。あるとき、宮城県の塩釜でキッズ委員会の会議があり、小幡さんは宮城県サッカー協会の要職に就いていたので、そこで出会いました。

塩釜ＦＣの小幡さんといえば、サッカー界の重鎮のひとりです。そして塩釜ＦＣは遠藤康（鹿島アントラーズ）選手を始め、プロ選手をたくさん輩出している、歴史と伝統のあるクラブです。すごいクラブだというのは知っていたのですが、練習を見せてもらうと、すごくフラットな雰囲気でした。子どもたちがグラウンドに集まってきて「今日は何する？」「ゲームしようぜ！」みたいに、昔の子が原っぱで遊んでいるようでした。

それを見て、指導者になったばかりの、血気盛んな僕はカルチャーショックを受けました。

聖和学園（宮城）女子サッカー部の国井精一先生には
ホスピタリティと技術の大切さを学びました

当時の僕は「月謝をもらっているのだから、サッカーを教え込まなければいけない」と思っていたのですが、その考えから「まずは子どもたちを楽しませよう。そして、子どもたちの良いところを伸ばそう」へとガラッと変わりました。小幡さんとの出会いが、僕の指導者人生のターニングポイントだったと思います。いま振り返ると、指導スタイルを１８０度変えることができた自分を、褒めてあげたいです（笑）。

きっかけは宮城県での会議

宮城県のキッズ委員会の会議でせっかく東北に行くので、他のチームの練習も見てみたいなと思ったときに、聖和学園の国井先生と小幡さんのことが思い浮かびました。

国井先生はかつて『サッカークリニック』という雑誌で連載をしていて、少し変わったサッカーをする指導者という印象がありました。そこで、人づてに国井先生の連絡先を聞いて「越智と申しますが、一度、練習を見せていただけませんか」とお願いすると「いいよ〜」と快く受け入れてくださいました。

新幹線で仙台駅まで行くと、国井先生が車で迎えに来てくださったんです。どこの誰ともわからない、若造の自分をわざわざ迎えに来てくれるホスピタリティに感激しました。学校に着くと「授業に行ってくるから、これでも見ておいて」とビデオテープを渡されました。それをビデオデッキに入れて再生すると、ペレやマラドーナなど、往年のスター選手のプレーをご自身で編集した映像が流れてきました。

そして、いざ授業が終わって練習が始まると、聖和の子たちのプレーを見て、衝撃を受けたのです。全員リフティングが上手で、身のこなしがしなやか。この子たち、すごいぞ！と思って見ていたら、サッカー部のマネージャーが椅子と温かいコーヒーを持ってきてくれて「寒くなるのでよかったら着てください」とベンチコートまで渡してくれました。サッカーのすごさだけでなく、国井先生ご自身もそうですし、選手のみなさんのホスピタリティに衝撃を受けたことは、いまでも忘れません。

ちなみに、ジャージを着ずに私服で指導をするのは、国井先生の影響です。国井先生はすごくお洒落で、トレンチコートを着て帽子かぶって、俳優のような格好をしているんです。それを見た時に自分の服装が気になり始めて、それまでは新しいジャージが出たら、すぐに買い替えていたタイプだったのですが、それをすぐに止めて私服で指導するようになりました。大阪の興國高校・内野智章監督も、ジーパンで指導をしていて、最初はずいぶん陰口を叩かれたと、ご自身の著書に書いていましたが、僕も同じです。ただ僕の方が、ジーパンで先に全国大会に出たことは、ここに記しておきたいと思います（笑）。

指導スタイルを変えて、京都で1位になる

小幡さんからは子どもを楽しませること。国井先生からはホスピタリティと技術を学び、京都に持ち帰って、リフティングを始めとする技術の練習をし始めたところ、ラランジャの子どもたちが「おもしろい！」「サッカー楽しい！」と言うようになりました。いままで、自分が必死で教えていたときは、そんなこと一度も言わなかったのに……。

当時の京都にはジュニアユースのクラブが25チームほどあり、ラランジャは下から数えて3番目の弱小チームでした。指導方針を変更したことで、子どもたちが伸び伸びとプレーするようになり、技術もつき始め、チームとしても徐々に勝てるようになっていきました。

でも、大事な試合になると、なかなか勝てない。どうすればいいんだと悩み、子どもたちを宮城県に連れて行くことにしました。それまでは国井先生のスタイルを、越智というフィルターを通して子どもたちに伝えていたのを、直接、国井先生と接することで、純度の高いものが身につくのではないかと思ったからです。

そこで、中学生30人を連れて、京都から仙台まで電車に乗って行きました。すると聖和のスタッフが車で迎えに来てくれて「全員は乗せてあげられないから、荷物だけを持って行ってあげる。学校に行く途中の食堂でご飯を食べられるようにしてあるから」と言われ、その

言葉に従って食事をし、学校まで歩いて行きました。

学校のグラウンドに到着すると、テントが設営されていて、その中に30人分の荷物がきれいに並べて置かれていました。「これが聖和のホスピタリティか……」と、初めてうかがったときと同じように驚く僕をよそ目に、子どもたちは「まさかこれ、無料でやってくれたんじゃないよな。きっとあとでお金を取られるよな」と思っていたらしいです（笑）。

合宿中も雨が降れば、聖和のスタッフが洗濯物を取り込んでくれるし、食後のスイカまで用意されていて、あらためて「なんだこの温かさは」と心底感動しました。

子どもたちも聖和の、国井先生のホスピタリティに感化されて、僕を介してでは伝わらなかったものが、直接教えてもらうことで、一気に浸透していきました。

そしてなんと、その後の大会で京都で25チーム中23位のチームが優勝し、あと1試合勝てば全国大会に出られるところまで行くことができたのです。

この出来事で感じたのが、子どものスイッチを入れることの大切さです。僕らが「こうやってプレーするんだ」とサッカーを教え込むのではなく、子どもたち自らが「こうなりたい」という気持ちで取り組むことで、こちらのアドバイスを心と体に染み込ませていく。サッカーが上手くなる、チームが強くなるためには、サッカーのことだけをしているのでは足りなくて、心を成長させることが、結果としてサッカーが上手くなることにつながるんだと感じました。

「サッカーで人を育てる」という言葉がありますが、サッカーだけをしていても育たないと思います。もっというと、スポーツで人は育たない。スポーツは楽しむものですから。スポーツを軸として、様々な経験をさせることで、人は、とくに子どもたちは成長していくのだと思います。そう考えているので、子どもたちを無人島に連れていったりもします。

男子の高校サッカーでゴリゴリの指導をしていた時代

大学を卒業し、指導者を始めた頃は、愛知県の高校サッカー部で指導をしていました。豊川工業や刈谷工業、中京大学のスタッフも1年間だけしました。当時の選手に、浦和レッズなどで活躍した、GKの山岸範宏や清水エスパルスでプレーした山崎光太郎がいました。

その後、京都でジュニアユースのクラブ、AS・ラランジャ京都に携わって指導をし、小幡さんと国井先生に出会って、指導スタイルを大きく変更したのは、これまで書いてきた通りです。もう本当に「いままでのスタイルで指導をするのはやーめた」って感じでした。小幡さんや国井先生の指導を見て、カルチャーショックを受けたのです。

それまで自分がしてきたことを全否定することになったのですが、「子どもたちが楽しそ

「子どもたちが楽しそうにサッカーをしているのが一番」、
そう思えるようになってチームの結果も出るようになった

うにサッカーをしているのであれば、それが一番いいよな」と思いました。そこに、指導者としてのプライドはありませんでした。主語は子どもたちであって、自分ではないなと。

子どもたちに教えて、できなければ叱ってというスタイルから「楽しくやろうぜ」に変更すると、一気に結果が出始めました。なぜだろう、どうして急に子どもたちが上手くなり、試合に勝てるようになったのだろうと考えると、いままでの指導は子どもたちの力を押さえつけていたことに気がつきました。

指導スタイルを変えたことで、子どもたちが本来持っていた力を引き出すようになっていったのです。例えば、6の力を持っている子が、のびのびプレーすることで7に伸ばすことがあります。一方で、8の力を持っている子がいたとして、大人がプレーを型にはめたり、怒って萎縮させることで、6の力しか出せなくなることもあります。そうすると、能力の差はあるのに、6の子が8の子を逆転することがあるんです。それこそが、指導者の役割なのだと思っています。

これはサッカーに限らず、ビジネスでも同じことが言えると思います。例えば、あなたが面接官だとして、高いスキルを持っているけど、仕事に対する意欲が低い人と、スキルはまあまあだけど、仕事に対する意欲が高い人、どちらを採用しますか？　多くの人が、後者と答えると思います。そして、実際に評価されるのも、意欲が高い人だと思います。

いくら才能があったり、高いスキルを持っていても、やる気がなければ宝の持ち腐れです。サッカーも同じで、ポテンシャルの高い子に対しては、メンタル面を伸ばしてあげることで、選手として大きく成長することはたくさんあります。ある程度のレベルになると、技術、戦術よりも、メンタルがプレーに及ぼす影響の方が大きいと思います。

多くのサッカー指導者は技術や戦術のトレーニング法は学ぶけど、メンタルを含めた、子ども自身を伸ばす方法は学ばない。これが現実だと思います。

僕もそれを専門的に学んだことはありませんが、「子どもたちが機嫌よく練習する」「試合で心地よくプレーする」ための働きかけは、常に意識しています。それが僕の仕事の7割以上を占めていると思います。

大先輩の情熱に触れる

いまでこそ、子どものことを第一に考えていますが、日本体育大学を卒業して、クラブチームの指導者になった頃は「周りが求めるクラブチームのスタッフ」にならなければいけないという固定観念に支配されていました。「保護者からお金をもらっている以上、ちゃんと指導しなければいけない」と思っていたのです。でも、本心では「窮屈だな。もっと楽しくやりたいな。子どもたちを生き生きとさせたいな」と思っていました。

そんなときに、聖和学園の国井先生と塩釜FCの小幡さんに出会って、本来の越智スタイルを出せるようになりました。ですから、僕はお二人を勝手に恩師だと思っています。子どもたちに対する、力を抜いたアプローチを教えてもらいました。

小幡さんは「サッカーを楽しむ」ことに関してはぶれない人で、ボールの蹴り方やキックを教えるのに、靴飛ばしをします。令和の時代に、そんな人いませんよね？　でも、練習や理屈自体は理にかなっています。子どもたちを楽しませて、上手くする。僕はそこに最大限の敬意を表します。

1対1の練習で、子どもたちに間合いをわからせるために、シャドーボクシングのようにして、相手のほっぺたを触ったら勝ちというゲームをしているのを見たことがあります。「それが、相手に届く距離だよ」と。どこまで近づけば届くか、どれぐらい離れていれば届かないかを、遊びの中でわからせていくんです。

いまでも小幡さんは「いい練習がみつかったから、これをやった方がいい」と電話をかけてきてくれます。80歳近いのに、情熱が衰えることはない。本当にすごい人だと思います。

教員として、高校サッカーの指導者をしていた父親と、国井先生、小幡さんから受けた影響は大きいです。父親からは、サッカーについて、あれしろ、こうしろと言われた記憶がありません。でも、いまの僕は父と同じように、サッカーの指導者になっています。つまり、影響を受けたということ。知らないうちに、サッカーの指導者になるように仕向けられたのかも知れません。もし父親にサッカーを押し付けられていたら、嫌いになっていた可能性もありますから。

大人の仕事は〝見せる〟こと

僕の父親は教員です。高校時代は野球をしていて、大学でサッカーを始めたという変わった経歴の持ち主です。大学卒業後、愛知高校で物理の教員をし、サッカー部の監督をしていました。元日本代表の秋田豊さんや、〝プラチナ世代〟を監督として率い、U－17W杯に出場した池内豊さんが教え子です。

当時からパスサッカーを標榜し、「サッカーで大切なのは個人の技術だ」という考えを持っていました。そんな父に連れられて、初めてサッカーの試合を生で観たのが、1985年のトヨタカップ、ユベントス（イタリア）対アルヘンチノス・ジュニアーズ（アルゼンチン）の試合です。ミシェル・プラティニがサッカー史に残るボレーシュート（幻のゴール）を決めた試合として、記憶している人も多いことでしょう。

父と一緒に、愛知県から東京の国立競技場まで行き、試合を観て日帰りしました。小学4年生のときのことです。子どもながら、「東京って近いんだな」と思ったことを覚えています。当時、見聞きしたことから、「パスはつなぐもの」「サッカーは華麗にやるもの」という価値観が植え付けられました。

とはいえ、父からあれこれとサッカーの話をされた記憶はありません。父が僕にしたことといったら、トヨタカップを現地で見せてくれたり、『ダイヤモンド・サッカー』（テレビ東京）で世界のサッカーを見せてくれたことだけ。何も言わずに本物を見せてくれたのは、本当に感謝しています。

そう考えると、大人の仕事はすごいものを子どもに見せる、もしくは自分の姿を見せることなのではないかと思います。それを見た子どもが、どう感じるかが大切なわけで。見せるためには手間も時間もかかりますが、その手間や時間こそが、その子の将来に生きていくのではないでしょうか。

第5章

子どもを伸ばす「越智流コミュニケーション術」

選手のことを何と呼ぶ?

僕はいままで、選手のことを「お前ら」や「お前たち」と呼んでいました。文字にすると高圧的に聞こえるかもしれませんが、実際はそうではなく、とくに問題なくコミュニケーションがとれていると思っています。そう感じているのは、僕だけかもしれませんが(笑)。

当事者間ではなんの問題もないのですが、周りで聞いている人には印象が悪い。大人の男が女の子に「お前ら」と言うと、あまり良い方に受け止められないかもと思い、「お前ら」に代わる言葉を探しました。

そして、みつけました。何だと思いますか? 3秒間、考えてみてください。

それでは発表します。答えは「Ｙｏｕたち」です。

これを言えるのは、キャラクター的に自分しかいないと思って、結構気に入っています(笑)。部活中だけでなく、授業中も生徒に「Ｙｏｕはどう思う?」とか言っています。

僕のキャラからして、子どもたちにすんなりと受け入れられた(はず)と思うのですが、これを他の先生が言ったら「ヤバい」ってなりますよね。

「Ｙｏｕたち」って、いい言葉です。この言葉の生みの親、ジャニーズ事務所元社長のジャニー喜多川さんの存在もみんな知っていますし、「お前ら」よりも、柔らかくて親しみがあります。世代を越えて、みんなが知っている言葉です。

「お前ら、○○しろよ」というと、高圧的に聞こえるかもしれませんが、ジャニーさんの常套句でもある「Ｙｏｕ、○○しちゃいなよ」には、愛情があります。「好きなようにやっていいんだよ」と、背中を押している感じがしませんか？　言われた側を、勇気づける言葉だと思います。

日頃からサッカー以外のアンテナを張り、これでいいのか、何か取り入れられるものはないかと探しています。多くのサッカー指導者は、指導の内容には目を向けて勉強をすると思いますが、それ以外に目を向けることも大切だと思っています。

外の世界には、勉強になることがたくさんあります。テレビだけではなく、漫画から学べることもたくさんあります。みんなが見ているものと同じものを見ていても、違いは生まれません。他分野、他競技から学ぶことは多いと思っています。

会話のキャッチボールは下から投げる

子どもたちにどう伝えるか、どう伝わるかは常に考えています。池に石を落とすのと同じで、あの子にこれを伝えたい。どこに石を落とせば伝わるだろう？　という感じです。落とす石は小さくていいんです。大きい石を落とすとビクッと驚かせてしまいますから。

よく「会話のキャッチボール」と言いますが、キャッチボールのときは下から投げることが大切です。大人が子どもを相手に、振りかぶるようにボールを投げてはいけません。本物のキャッチボールで、大人が小学生を相手に、大きく振りかぶって投げたら子どもは怖いし、受け止められないですよね。

でも名前を呼んで、下から優しく投げれば、受け止めようとします。会話のキャッチボールもそれと同じです。チーム全体を叱る時は、大きい石を真ん中にドボンと落とせばいい。それは何年に1回かしかしませんが、急に大きい石をドボンと落とすと、子どもたちは驚いてしまいます。

小石を投げながら、たまにスタバという飴を与えると、子どもたちは近寄ってきます（笑）。指導者がなにかを言って終わりではなく、言ったことを子どもたちが咀嚼して、飲み込んで、血肉にして、ようやく意味を持ちます。

こちらが言ったことに対して、ウィットに富んだ返しをしてほしい。僕が言って終わりではなく、それを受けて相手が返す。それがキャッチボールだと思います。

子どもたちに何かを言うことが目的ではなくて、自分が指導することを素直に受け止めてもらい、体に浸透させる。その結果、上達する。そこまでがセットです。ボール投げて終わ

子どもたちとコミュニケーションをとる際に、
どう伝えるか、どう伝わるかは常に考えています

り、投げっぱなしで終わらないようにしたいんです。

子どもたちに「越智に言われたことを、一度、体に入れてみようか」と思わせるためには、ボールの渡し方が大切です。多くの人が、一度言っただけで、できていないことに対して「さっき言ったのに、なんでできないんだ！」と怒り出します。

でも、口で一度言ったくらいではできないですよ。それができる子は、全員プロ選手になれます。できるようになるためには、大人が焦らないこと。時間をかけて、伝え方も考える。それをすることで、咀嚼し、血となり肉となるのだと思います。

伝え方には気を遣う

ある日の練習で、シュートを打ったあとに「足が痛い」と言っていた子がいました。その子は以前、足首をねんざしたので、同じ箇所を痛めたのかと思い、気になっていました。

そこで帰り際に、サポーターになる靴下をあげようと思い、足のサイズを尋ねました。「足のサイズ、24・5？」と。普通、こういうときは「足のサイズ、何センチ？」という聞き方をすると思います。相手からすると「24センチ」などと答えやすいからです。でも僕はあえて「足のサイズ、24・5？」と断定する聞き方をしました。

ここにも、ひとつの仕掛けがあります。

「足のサイズ、24・5？」と聞いて、当たっていたら、「なんで、私のサイズを知ってるんだろう？」と疑問に思いますよね。「普段から、私のことを見てくれているのかな」と思うかもしれません。

そこで「23センチ」と相手が答えて、こちらの見立てが外れていても大丈夫。「24・5ぐらいあるかと思った」と返せば、「普段から、私のことを見てくれているんだ」と思うはず。

こちらから仕掛けて、当たったらOK。外れても、相手に悪い印象は与えない。むしろ、相手に「見てもらえているんだな」と思わせることができるので、プラスしかない質問です。

このようにして「普段から、私のことを見てくれているんだな」と思わせることは非常に大切だと思っています。練習後、子どもたちがこの後どこに行くとか、昨日見たテレビの話、よく聞く音楽などの話をしているのを何気なく聞いて、情報を収集しておいて、次の日の練習でしょぼいプレーをしたら「昨日、カラオケで歌いすぎたんじゃないの？」などのツッコミを入れます。

そうやって、ピッチ外での情報は大量に仕入れようとしています。だから、眠い目をこすってドラマも見るし、流行りの音楽も聞きます。それもすべてサッカーのため、子どもたちのためです。

仕入れた情報は熟成させる

このように書くと、僕と子どもたちの仲が、すごく良いように思われるかもしれませんが、馴れ合いのような関係ではありません。子どもたちの方から、僕に寄ってくることはありませんし（笑）。

僕が向こうに寄って行っているだけです。その距離感はすごく大切にしています。サッカーも人間関係も、大事なのは距離感です。

とくに女子は、人と同じことで安心感を得ます。みんなと同じような格好をして、群れることを好みますが、僕ははっきりと「群れて安心している選手は論外」と子どもたちに言います。

『ドラゴン桜』という漫画に「東大に受かる子と受からない子の違い」というエピソードがありました。試験を終えて、すぐに家に帰る子は合格の確率が、いつまでも教室に残って話をしている子は不合格の確率が高いそうです。

どういうことかというと、試験を終えて早く家に帰る子は、タイムマネジメントができているのです。このエピソードを読んで、いつか子どもたちに使ってやろうと思ってます。

このように漫画やドラマから得たヒントはストックしておいて、タイミングを見計らって使います。「群れているヤツは置いていかれるよ」などと、日頃から小出しにしていき、あるとき、この漫画の画像をみんなに送ると「越智が言っていたのは、こういうことか」と腑に落ちるわけです。

子どもたちに知ってほしいエピソード、見てほしい動画は常にストックしてあるので、たくさんあります。そして、ここぞというタイミングで見せるようにしています。

普通、仕入れた情報はすぐ人に伝えたくなるものですが、あえて寝かせておきます。「この前の講習会で○○コーチが言っていたんだけど」「最近、ネットの記事で見たんだけど」と、仕入れた知識はすぐに使いたくなる人がほとんどだと思います。

でも、早まらないでください。自分のタイミングで相手に見せると、押し付けになってしまい、心に染み込んでいきません。見せた瞬間の即効性はあるかもしれませんが、持続性がないのです。

なんでもそうで、ひと手間加えることが大切です。女の子にプレゼントを渡すのであれば、喜んでもらえる渡し方をしましょう。タイミング、シチュエーションが加わることで、金額以上の価値になります。ＣＭにあるような、プライスレスになるんです。

子どもの背中を押す声かけをする

友人に神奈川県でサッカー指導者をしている、久保田大介という変人（笑）がいます。あるとき、彼が50㎞のマラソンを走ったそうです。ゼッケンにニックネームを自分で書く欄があり、久保田さんは「くぼっち」と書きました。そのゼッケンをつけて走っていると、沿道から「くぼっち、頑張れー！」と応援してくれたそうです。彼は「応援の言葉で、もう無理だと思っても頑張れた。応援してくれなければ、早い段階でリタイアしたと思う」と言っていました。

想像してみてください。一生懸命走っているときに「頑張れ！」と声をかけられるのと「そんな腕の振り方じゃダメだ。もっと足を高く上げて！」と言われるのと、どちらが頑張れると思いますか？

久保田さんは「応援されると、もうダメだと思っても足が動いた」と言っていました。これは大人、子ども限らず、誰しもそうだと思います。サッカーに置き換えるなら、大人の声かけで子どもたちの体が固まって動けなくなるか、それとも活性化するか。そこには大きな差があると思いませんか？

多くの指導者は、サッカーのプレーそのものについての声かけはしていると思いますが、コミュニケーションや気持ちの部分で背中を押す言葉を、どれほどかけているでしょうか？　自己満足やストレス発散の言葉を、子どもたちに投げかけてはいませんか？　学校や職場でのストレスを、グラウンドで開放しているだけではありませんか？

自分も含めて、指導者であるならば、そこは常に自問自答しなければいけないと思っています。

真面目に頑張るだけが、正しいわけではない

冬の選手権に出場した、2019年度のキャプテンの話です。彼女は小学生、中学生とサッカー部ではキャプテン、勉強もできる優等生でした。真面目に頑張ることのできる、すごく良い子なのですが、大人になると真面目一辺倒だけでは生きていけません。このまま優等生として扱っていくと、人生のどこかで思い通りに行かない出来事が起きたら、心が折れてしまうのではないかと思いました。真面目な子ほど、一度の挫折が命取りになり、立ち直れないことがあります。

そう考えたので、彼女には「真面目に頑張るだけが、正しいわけではないよ」ということを教えたくて、いじりながら「真面目にやっていればいいと思ってるなよ（笑）」などと、日々

の会話の中で言っていました。

普通の学校の先生であれば「真面目に頑張りなさい」と言うところを、すでにこの子は真面目に頑張っているので、あえて言う必要はありません。それよりも、色々な考え方、価値観に触れてほしいと思い、言葉で揺さぶりをかけました。

ときには上手にサボることも大切ですし、サッカーにはずる賢さも必要です。真面目だけでは生きていけない。それは人生にも、サッカーにも当てはまることです。

1年生の頃からそうやって接してきたので、3年生になる頃はずいぶんと思考が柔軟になり、それがプレーにも出てきました。臨時コーチに来ていた、大木武さんが絶賛するほどに。「男子でもこんなプレーができる選手はいない」と言っていました。練習中にも、いまの練習の次のテーマとしてやらせようとしていることを、言われる前に自然とできてしまうのです。2020年の春、彼女は京都の国立教育大学に進学しました。

普段の空気をなにより大切にする

時間と空気は流れるもの、流すものです。練習や試合の空気に違和感がないようにすることには、細心の注意を払っています。

ありがたいことに、うちにはたくさんの方が見学や取材などで来てくれます。でも、そこで練習前に選手たちを集めて「今日は○○さんが来てくれたから」と紹介することはほとんどありません。それをすると、選手たちは意識してしまい、普段の練習の空気とは違うものになるからです。

中学生が練習体験に来てくれたときも、何も言わずにメンバーに混ぜて練習させます。練習を見に来る人は、普段通りの様子を見たいと思うもの。よそ行きの姿を見ても仕方がないですよね。

空気はすごく大切で、作ることも壊すこともできます。他の指導者はそこに無頓着で、なかには、張り詰めた空気が好きな人もいます。それは人それぞれなのでいいと思いますが、普段、長々と話さない僕が、ごくたまに長く話すと、空気がピリっと引き締まります。

それも、子どもたちの様子を見ていて「いま話すと効果がありそうだな」というタイミングでします。まさに、空気を読んでいるわけです。

あいさつは状況に応じてする

高校サッカーの現場に行くと、その高校の生徒さんが「こんにちわ！」と大きな声であいさつをしてくることがよくあります。「監督に言われてやらされているんだろうな」とつい思ってしまうのですが（笑）、あれって実は、あいさつされる側の気持ちを考えていませんよね。

あいさつする側は1回だけなので何も感じないかもしれませんが、何十人にも、「こんにちわ！」とあいさつされる側はどう感じるでしょうか？　近い距離で大声であいさつをされることって、日常生活ではほとんどありません。

僕が他の人と話をしているときに通りがかったのであれば、会釈だけでもいい。精華の子どもたちには、あいさつひとつとっても、状況に応じて、使い分けられるようになってほしいです。

精華はあいさつは強制ではありません。でも、僕はちゃんとあいさつをします。「お前たちはあいさつしないけど、俺は誰にでもちゃんとあいさつをするよ。社会で生きていく知恵を持っているんだぞ」と密かに見せつけているのです（笑）。

というのも、僕の雰囲気がこんな感じなので、誤解されてしまうこともあるからです。僕が嫌われると、子どもたちも嫌われてしまいます。それは絶対に避けたいので、僕は誰に対しても低姿勢でゴマをすって生きています（笑）。

だいたい、強いチームって、嫌われるじゃないですか。いろんなところから良い選手を集めて、環境も整っているから勝てるんだと言われてしまう。うちは選手も集めていないし、そもそも寮がなく、通学時間90分圏内に居住という入学の際のルールがあるので、集めようがありません。

そういうことはいちいち説明しないので、全国大会の上位に進むとやっかみ的な視線を受けることもなきにしもあらずですが、「強いのに憎めない」というチームを目指しているので、僕は日々の振る舞いにとても気を使っています。

試合の後に、審判にお礼を言ったり、相手チームの子が怪我をしていたら大丈夫？と気遣う。その様子に、うちの子たちはどれぐらい気づいているのか……。おそらく、50人中3人ぐらいだとは思いますが、それでいいんです。気づけるというのは、その子のセンスですから。「越智さんって、意外とそういうことしてるんだ」と思って、自分もやろうと思うのはセンスです。

いろいろな大人に触れさせる

京都精華には、たくさんの人が関わってくれています。Ｊクラブの監督経験者、高校サッカー男子の監督、ドリブルを教えるのが得意な人、フィジカルトレーニングの最先端を行く人……。

僕は、人と人との縁を広げるのが、最大のチーム強化だと思っています。「俺の言うことだけを聞いておけばいいんだ」という指導者は、自分以外の人の考えを、選手に聞かれるのが不安なんですよね。選手を囲い込んでしまって、シャットアウトしたほうが楽ですから。

京都精華は常に情報が入ってくるように、窓を開けています。子どもたちは賢いので、情報がたくさん入ってきたときに、取捨選択をするんです。この人の言うことは聞いた方がいいなとか、この人にはこういう態度で話そうとか、空気を読む力があります。

いろいろな人がいるから使い分けるわけで、ボスが一人しかいないと、いつも同じ態度になってしまいます。基準がいくつかあること、世の中にはいろいろな人がいると知ることも、高校時代には大事なことだと思います。まあ、彼女たちの人生で、高校を卒業してから僕のような人間に出会うことはないとは思いますが（笑）。

でも、何かあった時にふと思い出してほしいとは思います。何かあった時とは、しんどい時です。悩んで、頼る人がいない時に、越智の顔を思い出してもらえるような人になりたいと思っています。いまの子どもが困った時に頼る大人って、あまりいないと思うんです。

普通の高校サッカーをやってきた選手は、卒業して人生で壁にぶつかったとき、きついと感じた時に、高校時代の監督に頼ろうとは思いませんよね。そういう時に頼ってもらえるのは、指導者冥利に尽きます。うまくいってる時はどうでもいいんです。苦しい時に、そばにいてあげられる人間になりたいです。

コロナ禍でも早々に引退はしない

２０２０年の3月以降、日本にも新型コロナウイルスが蔓延しました。当然のことながら、学校も部活動も自粛。子どもたちに会えない時間がこれほど長くなるとは、想像もしませんでした。

この自粛期間を振り返ると、自分に向き合うキッカケを与えてくれた時間だったと思います。「おうち時間」と称して、料理やスイーツ作りに目覚める子。スタッフに読書家が多いので、影響されて本を読み始めた子など……。

ですが、高校3年生にとっては、インターハイや学校行事が幻となってしまいました。それにより、進路にも影響が出るでしょう。しかし、そもそもスポーツは大学受験の道具ではないはず。大学は学問を学び、追求するところであって、スポーツで入学して、スポーツだけをするところではありません。

お金を払って入った一般生徒から見た、スポーツ推薦組、特待生組への視点って考えたことがありますか？　これを機に、いろいろな基準がまともになることを望みます。

こうも自粛期間が長いと、いろいろと考えて、もしかしたらサッカー部を引退する子も出てくるのではないかと思っていました。でも、ものは考えようで、好きで始めたサッカーなのだから、わざわざ辞める必要はない。自粛期間はサッカーがしたくてもできないのだから、勉強を頑張ればいい。またサッカーができるようになったら、おもいっきり、好きなことをすればいいんです。それがたとえ、競技スポーツや大会に出て勝つことを目標とするのではなくても。

２０２０年度、コロナ禍の3年生はまとまりがあり、平和でほんわかした学年です。越智からは「それって、偽りの平和じゃない？」といじられっぱなしですが（笑）。

夏前の時点でレギュラーは1人か2人。そういう学年は、6月の近畿大会が終わり、引退する子もいたので、今年もそうなるかなと思っていました。とくに今年は、コロナで活動できない期間が長かったですし。

でも3年生みんな、最後までサッカーを続けると言ってくれました。この状況で辞めると悔いが残るとかではなく、コロナ前の1、2月からそう言っています。このまま行けば、２０２０年度の3年生は、一瞬たりともクラブから離れない、過去最高の学年になるかもしれません。

もちろん、最後は受験で切羽詰まって、お休みすることも考えられますが、純粋にサッカーと仲間が好きなのだと思います。それが一番大切なこと。これは、子どもたちが持っている想いを、我々大人が邪魔させなければ、こうなりますよという自戒と自慢です（笑）。

コロナによる自粛期間中、多くのサッカー指導者がサッカーを学んだり、過去を振り返ったりと有意義な時間を過ごしたと思います。活動再開後、急に頭デッカチになった我々が、子どもたちに高度なトレーニングを押し付けることのないようにしたいですね。

いま、子どもたちが望んでいることって何ですか？　我々指導者は部員、会員、お預かりする保護者の想いに応える義務（権利ではない）があります。それは、「笑顔で思いっきり、みんなとサッカーがしたい」という想いに尽きると思います。

余談ですが、私、コロナの自粛期間に10kg痩せました（笑）。京都の自宅から貴船、鞍馬を歩いてみたり、学校まで10kmの道のりを歩いて出勤したりと、2か月弱で気づいたら約600km歩いていました。

そんな中「京都トレイル」という京都の盆地をぐるっと1周するコースがあることを知り、チャレンジしてみました。伏見稲荷をスタートに「東山コース」として、大文字山から比叡山まで。そこから北山コースとなり、大原から我が家の近くを通り、京見峠から沢の池。西山コースとして清滝、高雄のせせらぎに癒されながら嵐山を経て、最後は苔寺まで。合計84

kmのコースを5回に分けて歩きました。

山歩きの1kmは街歩きの10km分と思えるほどでしたが、1人で歩くことで、考えごとがまとまったり、街歩きの時は電話やZOOMなどをして、仕事もはかどりました。

コロナの自粛期間中は多くのことを投げかけられ、考えさせられる機会となりましたが、常にポジティブであり、主体的であることを自分に課して行きたいと強く思った期間でした。

オンライントレーニングの弊害

コロナ禍で、オンライントレーニングが当たり前の世の中になりました。昔の同級生や遠方の友人、トルコにいるコーチまで、オンラインでつながることができるのですから、本当に便利な世の中です。SNSを見ていると、自粛期間中にほとんどのクラブがオンライントレーニングをしていました。越智が運営する、幼稚園から中学生までが在籍する『AC.gloria』は、毎週水曜日に長友佑都選手のパーソナルトレーナーでおなじみの鬼木祐輔さんを招いて、前半はオンラインストレッチ。続いて後半はJリーガーなどのゲストに参加してもらい、トークコーナーをお届けしました。

オンラインは便利なものですが、使う側としては「大人から子どもへの押し付け感」がないように気をつけていました。どうしても、子どもたちが受け身になってしまいがちなシステムだからです。

そもそも子どもたちは、朝起きて、ご飯を食べて、電車に乗って、朝練に行って、授業を受けて、サッカーをしてと、社会や大人が作ったルーティンの中で生活をしています。その中で、自主性や主体性をどれだけ持って行動できるかが大事なテーマなのですが、自粛期間は日々のルーティーン、それにともなう強制力がないので、自主性や主体性を発揮しないと、何もプラスになりません。

簡単に言うと「やるもやらないも自分次第」の連続です。その状況を前向きにとらえて行動する子と、大人の目が届かないからといってサボる子。どちらが、自粛期間明けに成長しているでしょうか？

この本を読んでくれている方ならおわかりだと思いますが、僕はだからといって「ちゃんとやりなさい」「毎日これをしなさい」と強制することはしません。そうするとノルマになり、やらされている感が出て、結局は何も身にならないし、主体性も生まれないと思っているからです。

子どもたちに宿題として、「毎日◯◯km走りましょう」と命令して、日々どれぐらい走ったかを申告させれば、いやいやながらもやると思います。でも、走ってなくても、「５km走りました」と報告することもできます。数字も適当にごまかすことができます。それって、お互いにとって無意味ですよね。

そこで僕はチーム（京都精華）のLINEに「今日は10㎞歩きました」や「今日は20㎞歩くよ」と報告することにしました。そうすると、僕が何も言わなくても、子どもたちが自主的に走り始めるんです。「今日は5㎞走りました！」「お母さんと一緒に3㎞歩きました」「自転車で20㎞走りました」と、報告が次々に上がってきます。こちらからやれとは言っていないのに。その報告を見ながら、「はい、予定通り」と、ほくそ笑む越智なのです（笑）。

毎日、LINEに報告が流れてくるので、それを見ながら「この子は毎日走っているんだ」「だいぶ距離が伸びたな」「おそらく、心が折れ始めているな」など、子どもたちの様々な状況を察することができます。それがまた楽しいんです。

「子ども力」を高める

大人として、指導者として、もっとピシッとすることを求められる場合もありますが、子どもたちのいまの立ち位置を知り、心と体の状態を察して、伸ばしてあげるための個別の声かけやアプローチをするためには、こちら側の投げかけ方、仕掛け方はものすごく大切です。

そのための、良い意味での「あいまいさ（ファジーさ）」を忘れないようにしたいです。状況を見ながら、瞬時にどちらにも対応できるようにしておくことは、指導者やリーダーに必要な資質のひとつだと思います。

子どもは発達の途中です。だから知らないことは「こうだろう」と自分で考えて動く。それが結果として正論だったり、とてつもないアイデアだったり、イノベーションが生まれるわけです。

だからこそ、失敗するのも含めて大人が介入しすぎないこと。民事不介入ならぬ、子ども不介入です。これは、放任や自由とは異なります。命に関わることや怪我をしそうな瞬間に、大人がすぐに手を差し伸べることのできる距離にいなくてはいけません。そして、その距離にいながら、気配を消す勇気と術を持ち合わせること。これができる大人でいたいです。

これは、僕が勝手に「子ども力」と呼んでいる力の話ですが、「田舎者」って、馬鹿にされるときに使われる言葉ですよね。でも田舎だからこその良さ、強さがあると思っています。

田舎と都市部では、様々な前提や基準が違います。例えば、都会に住んでいる人は、学校に行くのに2時間歩くなんて、考えられないでしょう。家のドアは鍵をかけずに開けっ放しで、回覧板を渡すのに、不在ならば勝手にドアを開けて置いておくとか。都会でそれをしたら不法侵入で警察を呼ばれます（笑）。

その行動範囲と思考力の大きさが、時に都会のエリートを追い詰めるほどの力になるかもしれません。なので、僕が関わる子どもたちには、「子ども力」と「田舎力」が身につくような問いかけ、仕掛けをしていきたいと思っています。それが結果として、社会に出る為の「便利な大人力」を提供することよりも、めちゃくちゃ面白い「大人」になるのではないかなと。それを信じるか信じないかは、あなたが子どもたちを信じることができるかどうかに掛かっています。一緒にがんばりましょう。

大人は年をとるが、子どもはとらない

常に子ども目線でいること。それを忘れたときに、指導者と選手の心の距離は、どんどん離れていってしまうように思います。

高校の3年間を例にあげると、選手は毎年入れ替わるので、常に16歳〜18歳の子と接するのですが、大人は毎年年齢を重ねていくので、気がつくとどんどん年が離れていきます。

そして、知らず知らずのうちに偉そうになっていたり、子どもからすると、とても年上の人だと思われていたり……。

年齢を重ねるのは自然の摂理なので仕方がないことなのですが、加齢とともに目線を下げ

選手は毎年入れ替わるので、こちらが常に子ども目線でいるように気をつけていないと、
子どもたちとの距離はどんどん離れてしまう

ていかないと、子どもたちとの距離がどんどん離れていってしまいます。

加齢はエスカレーターと同じで、抵抗しなければ上に行きます。そこで子どもたちと目線を合わせるためには、上りのエスカレーターを下る努力をしなければいけません。

でも、多くの人は上りのエスカレーターに乗ったまま気がつかず、子どもたちとの感覚が年々乖離してしまうわけです。

年齢を重ねた指導者の多くが、自分の感覚、自分のペースで選手たちに与えようとします。そのとき、子どもが何を欲しているかは関係ありません。

年齢を重ねると、周りに意見してくれる人もいなくなり、子どもも「いまはちょっと……」と言いづらくなります。

指導キャリアを重ねれば重ねるほど、その部分には気を使わなければいけないと、自戒を込めて思います。

第6章

関係者が語る「京都精華」のサッカーとは？

京都精華での3年間ずっと「サッカー、楽しいな」という感覚でプレーしていました

高萩歩々花
2019年度卒業生

PROFILE
Hohoka Takahagi
●2019年度卒業生。ポジションはMF。高校3年のときはキャプテンを務める。

私は中学から京都精華に入りました。小学生のときからサッカーをしていて、中学でもサッカーを続けたいと思い、練習体験に行ったのがきっかけです。自分が中学1年生の時に高校の先輩たちがインターハイに出て、全国大会で活躍しているのを見て、かっこいいなと憧れました。

越智さんが監督をしていた、高校のチームに合流したのは、高校入学を数カ月後に控えた、中3の冬です。最初は楽しいという感覚があまりなくて、とにかく緊張していた記憶があります。越智さんと話すときも緊張していたし、練習試合でもガチガチでした。

越智さんからは、私が中3の時から高3のときまでずっと「真面目やなぁ」と言われていました。それを言われて自分は「真面目で何があかんねん」と思っていたんです。とにかく、真面目に頑張っていればいいと思って、練習に取り組んでいました。

高2のときに、初めてスタメンで試合に出させてもらいました。ポジションはボランチで

す。そのときは、ただボールを追いかけて、守備を頑張っているだけ。攻撃にあまり関われないことが課題でした。

高3でキャプテンになり、越智さんともたくさん話すようになる中で、「自分の殻を破って、変わっていったほうがいいんじゃないか?」と思うようになっていきました。

そのきっかけになったのが、高3の最初の頃にされた「輪ゴムの話」です、越智さんは「京都精華で活躍した先輩たちは、とがっている部分があった。輪ゴムは形を変えられる。引っ張れば、とがらせることもできる」と言っていました。

ゴムの形を変えるのも、大きくするのも自分次第。でも、自分はとがることはできないので、輪ゴムの輪っかを大きくするためにはどうすればいいかを考えて、色々な人と話をするようになりました。周りの人にどれだけ気配りや気遣いができるかを意識して、高3の1年間を過ごしました。

当時から「人として、どうあるべきか」を考えるようになり、サッカーでも、次のことを考えるというか、味方をサポートすることや、自分のことだけではなく、チームのためにどうすればいいかを考えるようになりました。越智さんは選手が気づかない部分での気遣いがすごく、それを見ていて、自分もそうしようと思ったところもたくさんあります。

高校時代の一番の思い出は、高2の時に選手権出場を決めた試合です。相手は強豪の大阪

「越智さんは、サッカーを好きなままでいさせてくれる人。越智さんに出会って、『人としての魅力の大切さ』を学びました」高萩歩々花(右端)

桐蔭で、10回試合をしたら1回か2回ぐらいしか勝てないほどの力の差があったと思います。でも、選手権の出場がかかった試合で、その1回が出せたんです。自分は足をつって途中交代し、終了間際に同点に追いつかれたのですが、ＰＫ戦で勝ちました。すごく良い雰囲気で試合ができて、全国大会に行けたことは本当にうれしかったです。

悔しかったことは、高3のインターハイ関西予選で日ノ本に負けたことです。普段、越智さんは試合の勝ち負けについては、あまり感情を表に出さないのですが、この試合の後は、「越智さんも悔しいんや」と感じました。試合に負けた次の日の、越智さんの悔しそうな顔が忘れられません。

越智さんは、サッカーを好きなままでいさせてくれる人です。遊びの中で教えたり、技術を身につけさせてくれるので、高校3年間ずっと「サッカー、楽しいな」という感覚でプレーしていました。とくに高3の練習は、楽しかった記憶しかないですね。越智さんの周りにいる、外部のスペシャリスト的なコーチの人たちも、魅力ある人ばかりでした。

越智さんの練習をしてから、サッカーの楽しさやそこで生まれるコミュニケーションの大切さを感じました。練習の中で、どうやって遊び心を出していくかも意識するようになったので、真面目な自分から、少しは成長できたかなと思います。

京都精華に来て良かったと思うことは、ここに来たからこそできた経験がたくさんあったこと。そして、人として大切なことをたくさん学べたことです。サッカー部で無人島に行ったときは、不便な環境の中で力を合わせることの大切さと、普段の生活が当たり前ではないことを学びました。

卒部式でファッションショーをしたことも印象に残っています。プロデュースしてくれた方がサッカー部の先輩で、サッカー以外の場所で輝いている人がいることを知り、自分の好きなことを仕事にして輝いている女性って素敵だなと思いました。私は勝手に「将来は自分の好きなことをして、輝ける女性になってね」という越智さんからのメッセージだと受け取っています（笑）。

越智さんとの印象に残っているエピソードは、大学に合格したときのことです。合格発表が卒業式から1週間後の3月7日だったので、その近辺で越智さんと顔を合わす機会はありませんでした。それまで受験のことで相談したり、LINEで励ましてもらったり、神社で買ったお守りをくれたりしたので、絶対に合格しないとなって思っていました。

そして、合格発表当日。報告するために電話をかけたのですが、出なくて、LINEで一言「受かったよ」と送りました。でも、既読がつかずに返事もない。どうしたんやろ？とモヤモヤしていたら、次の日にお母さんが「大学受かったんやし、お祝いしよう」と言ってくれて、ご飯を食べに行くことになりました。

「ここにしよう」とお母さんに連れられてレストランに入ったら、越智さんが座って待っていました（笑）。そこでようやく、合格したことと御礼の言葉を言えたのですが、お母さんを巻き込んでまでサプライズする？と思いました（笑）。人を楽しませる、喜ばせる力はすごいですよね。

越智さんに出会って、「人としての魅力の大切さ」を学びました。人としての魅力は、まだまだ自分には足りないと思うのですが、人との出会いを大切に、周りの人から感じた魅力を取り入れて、自分を磨いていけたらと思っています。

将来の目標は、小学校の先生になることです。越智さんから学んだ、遊びの中から子どもに教えることや、どうすれば勉強が嫌いにならず、楽しんでもらえるかなどについて、たくさん考えていきたいと思います。

私の人生で、越智さんみたいに魅力がある、変な人には初めて会いました。学んだこともたくさんあります。それを活かして、私自身も魅力のある人になれるように頑張っていけたらなと思います。越智さんがこれを読んだら「真面目か」って言われるかもしれないですけどね（笑）。

京都精華の選手たちは楽しく練習しているだけなのにサッカーが上手くなっている

鬼木祐輔

フットボールスタイリスト

PROFILE

Yusuke Oniki

●日本初のフットボールスタイリスト。長友佑都選手の専属トレーナーとしても活動中。

越智さんに最初に出会ったのは、2013年の夏です。共通の知人である、サッカーコーチの久保田大介さんが主催したセミナーで知り合いました。そのときに越智さんの「仕掛け」の話を聞いて、衝撃を受けたんです。「日体大出身の指導者で『選手の自主性に任せる』とか言っている人がいるんだ！　そんな人に初めて会ったぞ」と。

それから数カ月後に越智さんから連絡が来て「女子サッカーを変えていきたいので、力を貸してください」と言われて、「ぜひ！」ということで、京都精華に行くようになりました。越智さんの紹介で、日ノ本（当時）の田邊さんに出会ったものその頃です。

ちなみに僕は2013年からフリーで活動していますが「フットボールスタイリスト」と名付けてくれたのは、越智さんです。

そして2014年のインターハイ。京都精華が準優勝した大会に帯同しました。僕はそれまで、京都精華に行ったのは、2、3回しかなく、選手の名前もほぼ知らない状態でした。だからインターハイで帯同はしていましたが、ほとんど何もしていないんです。越智さんの仕掛けを近くで見ていただけでした。

インターハイは、驚きの連続でした。僕は男子のインターハイに帯同した経験がありますが、そのときは試合をしてリカバリーをしてと、時間との戦いでした。でも京都精華は、開会式の前日にディズニーランドに行くし、開会式の日はAチームが式に出て、Bチームは千葉県市川市の高校に越智さんと行き、サッカークリニックをしていました。

試合と試合の中日には、Aチームの子が少しの時間、ボールを蹴ってリカバリーをしたら、その後はBチームを中心にミニゲームをやり、Aチームの子はそれが終わるのを待っていました。

とにかく越智さんは、Bチームに対する配慮がすごいんです。普通の監督であれば、大会期間中はAチームに付きっきりだと思います。でも越智さんは、Bチームの子に気分良く過ごしてもらい、チームへと意識を向けさせることに気を配っていました。子どもたちにお菓子を買って差し入れをする姿を見たときに、変わっているというか、なんなんだ、この人はと思いました（笑）。

越智さんを一言で表すと「策士」です。選手も僕も、越智さんの手のひらで踊らされている感じです。越智さんが仕掛けてそうなっているのに、本人からすると「自分でやってこうなったんだ」と思ってしまうんです。越智さんが仕掛けたことなのに、自分からやったような感覚になる。

その典型が、京都精華の選手たちで、越智さんが考えた練習を楽しくやっているだけなのに、気がついたらサッカーが上手くなっていて、全国大会で準優勝してしまう。仕組みを作るのが、本当に上手な人だと思います。

手取り足取り教えるのではなく、サッカーに必要な技術、判断力が身につく練習をすることで、自分から取り組んでいるように思わせておいて、実は越智さんが用意した枠組みの中でやった結果、サッカーが上手くなるという具合です。

越智さんの仕掛けに気がつく子、感度の高い子がそろっている学年は強いです。「また越智さんが何かしているよ」と見抜き、それに乗っかるという形です。インターハイで準優勝した学年の子たちがそうでした。

越智さんは選手を信じていて、選手も越智さんをリスペクトしている。その関係性の中で互いの歯車が噛み合うと、すごく強いチームになります。

越智さんは、試合に出ていない子に対しても、しっかりと見ているんですよね。「髪切った？」とか、服装がどうだとか、越智さんだから成立するいじりもありますが、選手が「ラ

「越智さんは選手を信じ、選手も越智さんをリスペクトしている。
お互いの歯車が噛み合うとすごく強いチームになります」鬼木祐輔(前列中央)

イブに行くから、練習を休みます」なんて、普通の高校サッカーの現場では100％ないじゃないですか。でも、越智さんはそれをＯＫするし、むしろ「サッカーばかりじゃダメだぞ」ぐらいのことを言う。その度量はすごいですよね。

京都精華に行って、越智さんと選手たちの様子を見ているだけで、勉強になることはたくさんあります。越智さんは選手のキャラクターによって、声のかけ方やいじり方を変えているんですよね。チームに1人や2人はいる、アンタッチャブルな子に対して、越智さんが率先していじりに行くんです。その雰囲気作り、人間関係の作り方は勉強になります。

越智さんのすごいところは「洞察力」です。「あの子、いつもと違うな」「学校で何かあったのかな」と感じて、それとなく話しかけに行くんです。この本を読んだ人たちは、越智さんのすべては到底真似できないと思いますが、自分の目の前にいる人に寄り添って、「この人はいま、どのような状態なのか？」に、常に目を向けているところは、とても参考になると思います。

越智さんと知り合って、あらためて気がついたのは「サッカーって、人間がやるものなんだ」ということです。いまは技術、戦術の情報がたくさんありますが、前提として、サッカーは人間がするものなので、学校生活や家庭で問題が起きると、良いプレーができないんです。だから越智さんは、「選手が良いパフォーマンスをするためにはどうすればいいか？」を考えて、様々な仕掛けをしたり、コミュニケーションをとりながら、Aチーム、Bチーム関係なく、全員が同じ方向を向くことができるようにしているんだと思います。

越智さんは、グラウンドの中で出た課題、問題をグラウンドの外で解決できる人です。試合で起きた現象に対して、トレーニングでどう改善するかは、多くの指導者が勉強していま す。でもその原因が選手のモチベーションやコミュニケーションにあることも多く、それをグラウンド外の取り組みや考え方を通じて、変化させていく。そこがすごいと思います。

越智さんの指導を見ていて、「もっと王道を行った方が楽なのに」と思うこともあります(笑)。例えば、その場で越智さんが選手に一言いえば改善できることでも、ワンクッション置いて、他の人に言わせたり。ひと手間加えるんですよね。はたから見ていて、大変な方に行きたがると言うか……。そこは越智さんならではの部分で、性質と言えるのかもしれません。

今後の越智さんに期待することは、おじいさんになってもこのスタイルでやり続けていって欲しいです。最初は選手との関係性が、お兄さん的な距離感だったのが、父と娘ぐらいの年齢差になり、年を重ねると、おじいさんと孫ぐらいの年齢差になっていきます。でも、そのチャラい感じというか、(やっていることの中身は全然チャラくないのですが)、越智さんの表面だけを見ている人には「ジジイなのに、まだチャラいことやってんの」と思わせるよ

特別対談

越智健一郎×田邊友恵

うな、その距離感でやり続けることができたら、本当にすごいと思います。

2019年度まで、高校女子サッカー界の〝常勝軍団〟、日ノ本学園の監督を務めていた田邊友恵さん。関西を拠点に活動する女子サッカーの指導者という共通点があり、何かと気になる存在でした。

田邊さんは2020年より、ノジマステラ神奈川相模原のアカデミーダイレクター兼U－18監督として、新たな夢を追いかけています。

良きライバルであり、友人でもある田邊さんにご登場いただき、越智のこと、女子サッカーのことについて語り合いました。

PROFILE

Tomoe Tanabe

●1980年生まれ、千葉県出身。東京女子体育大学卒業後、03年にアルビレックス新潟レディースに加入。FWとして活躍し、07年現役引退。08年からはJAPANサッカーカレッジレディースの初代監督に就任。12年に日ノ本学園高等学校に赴任し、同年10月より監督就任。7度の全国制覇に導く。20年4月よりノジマステラ神奈川相模原のアカデミーダイレクターおよび、ドゥーエ（U-18）監督に就任。

関西に来て驚いた、指導者の温かさ

越智　田邊さんとの最初の出会いは、JAPANサッカーカレッジのスタッフとして、生徒募集にいらっしゃったときですよね？

田邊　はい。私が日ノ本学園に入る前なので、2011年頃だと思います。当時の越智さんのイメージは、坊主頭でやんちゃなお兄さん。先生っぽくはなかったですね。

越智　そのときは生徒募集で京都精華に来られたので、深く話すことはなかったですよね。よく話すようになったのは、田邊さんが日ノ本に入ってからですね。

田邊　2012年4月に日ノ本のコーチになって、5月に京都精華が日ノ本に来てくれて、練習試合をしましたよね。そこで越智さんと話をするようになって、指導についての弱音をポロッと吐いてしまったんです。そのときに励まされたのを覚えています。

越智　その後に、京都に来ましたよね？

田邊　そうでしたっけ？

越智　覚えてないんかい！（笑）。京都に来て、話をした記憶があります。

田邊　いつも話を聞いてもらっていますね。悩んだときは。

越智　人たらしですからね。心を許してしまったんでしょう（笑）。関西に来て、女子サッカーの指導をしているということは、仲間ですから。その感覚があったんだと思います。

田邊　私が関西に来て驚いたのが、指導者のみなさんの温かさです。

越智　大阪の大商学園に竹内周先生という方がいて、関西の女子サッカー界では大御所なんですけど、彼のおおらかなキャラクターが、関西の仲の良い雰囲気を作ってくれていますよね。田邊さんが日ノ本にいた頃は、関西のライバル校同士でしたけど、仲良くしていても変な目では見られないというか。関西のチームが全国優勝すると、関西の指導者を集めて祝勝会をすることもありますし。

田邊　指導者が集まる飲み会も、楽しいですよね。そうやって気にかけてもらって、こちらからも相談したり、試合をしたりする中で、話す回数も増えていった感じですね。越智さんはピリピリしていなくて、話しやすかったんです。

越智　それは僕の術中にはまってますね（笑）。

京都精華は一言でいうと「異端」

越智　その頃の京都精華のサッカーのイメージはどんな感じでした？

田邊　一言でいうなら「異端」です。常識じゃないことをするというか、ここまで変わったサッカーをやれるのがスゴイと思っていました。選手もテクニカルで上手いし、楽しそうにプレーしています。楽しそうを通り越して、ふざけているんじゃないかと思うこともありましたけど、監督を筆頭に（笑）。それもあって京都精華に負けたら、普通にやっているチームからすると言い訳ができないというか、「絶対に負けられない！」と思わせるチームですね。それも全部、越智さんの狙いなんでしょうけど。

越智　相手も「京都精華だけには負けたくない」と、意識するじゃないですか。そう思う時点で、うちを過剰に意識していることになるので、もうこっちのペースですよね。日ノ本の子たちは、全国優勝を目指して寮生活をしているわけです。高校生活のすべてをサッカーに注いでいるのに、京都精華の選手はキャッキャ言いながらやっていて、ベンチの子も笑っているし、監督は私服で指揮を執っている。戦力差からいって、日ノ本が京都精華に負けることはないけど、負けたら恥だと思うようなチームですよね。って、自分で言うのもなんですが（笑）。

田邊　私が監督になって最初に出場した、関西大会の準決勝で引き分けましたよね？

越智　1対1、PKで日ノ本が勝った試合ですね。

田邊　そのときのことで覚えているのが、越智さんがテクニカルエリアに出ずっぱりで、選手に声をかけているんですよ。私は監督2年目で、大舞台での監督経験が少なかったので、負けじとテクニカルエリアに出ていったんです。それを試合後に、越智さんに突っ込まれました。「影響、受けてたでしょ？」って。

越智　その試合は日ノ本がボールを支配して、攻め込んでいるんだけど、点が取れないという展開でしたよね。田邊さんはこちらの雰囲気に飲まれ、選手たちもシュートを打つけど入らず、焦りが見えて。

田邊　はい。

越智　でも、あの試合展開で勝てなかったら、うちからするともう勝てない。監督が変わった瞬間のビギナーズラックで、こっちのペースに引きずり込んだのに。それ以降は田邊さんが落ち着いて洗練されてきて、選手もタレントが揃っているから、勝てる気がしませんでした。

インターハイ決勝で大敗を喫する

田邊　その後、インターハイの全国大会決勝（２０１４年）で再戦したんですよね。

越智　うちが０－７で負けた試合ですね。その試合は前半終了間際に失点して、ハーフタイムにミスをした選手が、泣きながらベンチに戻ってきたんです。それを見たときに、終わったなと思いました。いつも笑っている選手なのに。勝とうと思ってサッカーをすると、そうなっちゃう。いつも通りやって、相手を自分たちのペースに引きずり込まなければいけないのに。0－1で後半に入るのは、日ノ本相手には想定内だし、ドンマイ！って雰囲気になるのかなと思っていたら、ミスをした子が泣いていた。後半はその雰囲気を引きずってしまいましたね。

田邊　個人的に、京都精華に対する苦手意識があったとまではいかないですけど、なくはなかったんですよ。引き込まれるというか、追っても追ってもボールを取れない。ただ、当時の選手はビビってなくて「精華のスタイルは知っているから大丈夫」と。そう言われて、「じゃあ、任せたぞ」という感じで送り出したら、のびのびプレーしてくれました。

越智　記憶にあるのが「精華の10番（園田瑞貴）、9番（谷口木乃実）、7番（金塚咲恵）からはボールを取れないから、他の選手のところを狙いに行け」という指示を田邊さんがしたと、試合後に聞いたこと。うち相手に、そういうことをするんだと思いましたね。勝つために、すべての策を打ってきたんだなと。田邊さんからすると、普通にやっても勝てるけど、確実に勝つために、京都精華のキープレーヤーを抑える。誰もがすることですけど、精華相手にそれをしなくても良くない？と思いました。

田邊　当時のことは、あまり覚えていないんです（笑）。とにかく必死でしたから。そのインターハイも、自分が監督になって3個目のタイトルだったので、うれしいというよりはほっとした気持ちのほうが大きかったですね。

越智　２０１４年のインターハイ近畿大会の準決勝で、強豪の大阪桐蔭に勝った時点で全国大会への出場を決めて、決勝で日ノ本と対戦しました。その試合は０対３で負けたけど、うちとしては全国出場を決めたあとに、日ノ本に勝って第一代表を取ろうと思っていないし、勝てるとも思っていませんでした。選手たちはのびのびやっていたし、全国大会では、関西代表は決勝戦まで当たりません。だから『全国大会の決勝で、日ノ本ともう一度試合をするぞ！』と宣言していましたよね？

田邊　はい。

越智　僕の中では、決勝戦までは準備も含めて、計画通りに行ったんですよ。

田邊　選手たちを連れて、ディズニーランドに行ったり。

越智　そうそう。子どもたちのマネジメントもうまくできて、決勝戦まで行った。そして、試合が終わったあとに気がついたんです。日ノ本と決勝戦で試合をするための準備は完璧にできたけど、肝心の日ノ本に勝つための準備をしていなかったことに。

田邊　かっこいい（笑）。

越智　いや、ダサッと思いましたよ。日ノ本と決勝で当たって、勝つところまで準備しなければいけなかったのに。選手にも「決勝に行って、日ノ本とやるぞ！」と言っていたんですよ。ツメの甘さが出ましたね。

ひらめきやアイデア、人をつなげる力がすごい

田邊　越智さんはサッカーの指導者だけではなく、きっとどんなスポーツの指導者もできる人なんだろうなと思います。常識的なことをしない人ですよね。おだてるわけじゃないですけど、天才というか、ひらめきやアイデアが本当にすごくて、その要素は自分には一切ないですね。

越智　子どもたちに「楽しいのと苦しいの、どっちがいい?」と聞いたら、みんな「楽しい方」と言います。じゃあ「走るのと走らないのとでは、どっちがいい?」と聞くと、「走らない方」と言います。みんなの願いをかなえた上で、楽しくても勝てるチームにしなければいけない。走りの練習をしなくても、体力が持つチームにしなければいけないと考えていったらこうなったので……ただの天才だと思います（笑）。

田邊　さすが（笑）。

越智　それは冗談で、子どもたちのニーズに応えているだけなんです。それで、子どもたちに「勝つのと負けるの、どっちがいい?」と聞いたら「勝ちたい」って言うんですよ。楽しくサッカーをして、走らずに勝つためには、それ以外の部分で緻密に取り組まなければいけ

ません。僕の作業もかなり多くなります。でも、それが楽しいんですよね。考えること自体が好きなので。

田邊　考えることもそうですけど、私は、越智さんって「人と人をつなげる力」がすごいと思っています。私がここまで成長できたのは、越智さんのおかげだと言ってもいいぐらい。直接的に越智さんの影響を受けたというよりは、越智さんがつなげてくれた人との縁で世界が広がって、その人たちから学んだことはたくさんあります。いろいろな人たちとの出会いのスタートは越智さんで、悩みとかも聞いてくれるので、関西に行ってよかったなと思っています。

越智　鬼木（祐輔／フットボールスタイリスト）さんやＧＫコーチの阿部（知仁）さん、永尾（健司）さんを田邊さんに紹介したこともそうですが、僕自身、良いものは独り占めしないでシェアしたいと思っているんですよね。そうすると、大体の人はすごいね、いいじゃんと言うけど、実際に取り入れる人は少なくて。でも田邊さんはすごく貪欲だし、選手のためになることは何でもする人なので。素晴らしい人たちと田邊さんの波長が合ったのが、良かったなと思います。

田邊　良いものは取り入れたいと思います。でも、それが続かないのが課題で（笑）。越智さんに「音楽を流して練習してみたら?」と言われて、すぐにスピーカーを買って音楽を流したことがありました。でも、選手に言われたんです。「田邊先生はすぐに新しいことを取り入れるけど、すぐ飽きるよね」と。

越智　僕らの間に社交辞令はないですよね。僕が薦めても、田邊さんがこれは違うと思ったら、取り入れないだろうし。

高校サッカーとクラブチームの違いは?

田邊　私は2020年度から、ノジマステラ神奈川相模原のアカデミーダイレクター兼U-18監督として活動しています。学校の部活動とクラブチームとでは、違うことがたくさんあると感じています。

越智　例えば、どういうところが?

田邊　日ノ本は寮生活なので、学校と私生活、サッカーのすべてを見ることができます。それは良い面もあると思いますが、サッカー以外の面が選手の評価に入ってくるというか……。それに対して選手は息苦しくは感じていなかったのか、こちらが過干渉になっていなかったかと、ノジマに来て思うようになりました。当時は私生活と学校生活、そしてサッカーのすべてを見て指導することが、子どもたちの成長のためになると思ってやっていましたが、一

2014年インターハイ近畿大会決勝、そして全国大会での決勝でも対戦した田邊さんは
サッカー指導者を越えた、親友だと思っています

歩引いて見ると、普通のことではないですよね。でもそれが、高校サッカーではノーマルな環境であって。

越智　そうですね。

田邊　クラブチームは、グラウンドに来ている2、3時間しか選手と過ごす時間がありません。その中で関係を作って、サッカーを楽しいと思ってもらって、明日もまたグラウンドに来てもらうためにはどうすればいいかを考えています。そのスタンスが、子どもたちがサッカーを楽しむためにはちょうどいいのかなって。

越智　学校には、学校教育、人間教育、部活動、体育といったキーワードがたくさんあります。でも僕は、サッカーはスポーツであり、語源にもあるように「楽しいもの」だと思っています。学校の部活動は教育の一環ですが、サッカーは遊びだと思っているので、まずは楽しくやること。それを最優先に考えています。1日24時間の中で、部活でサッカーをするのはたった2時間ほどです。サッカー以外の時間をどう過ごすかが大切で、それが回り回ってサッカーにも還元されると思っています。日本の学生スポーツには、良い部分と悪い部分があって、それが共存しているのが、部活動だと思います。

田邊　そうですね。

越智　監督の言うことがすべてだったり、テストの点が悪いと部活をさせないとか、寮のルールもあったり、子どもたちは大変ですよ。

田邊　でも越智さんは、子どもたちを縛らないですよね？

越智　僕は縛らないですね。なぜかというと、信頼しているから。もちろん、ヒヤヒヤすることもたくさんありますけど、その中から学べることもたくさんあります。うちの学校は校則でアルバイトが禁止されていますが、世の中の高校生でバイトをしている子はたくさんいるわけで、そこであいさつや敬語、サービスとは何かを嫌でも学びますよね。学校とは違う人間関係も築けますし、お金を稼ぐことの大切さや価値も知ると思います。高校の３年間で社会を知り、大学の４年間で、自分がやりたいことをみつけるという流れを作りたいんです。だから高校時代に、サッカー以外の経験もたくさんさせています。

田邊　いまとなっては、私もその方がいいと思いますが、日ノ本にいたときは、「その考えもよくわかるんだけど、そうは言っても……」と思っていました。日ノ本には全国優勝したい、なでしこリーガーになりたいという子が入学してきます。全国優勝するために、寮に入ってサッカーに打ち込んでいる子ばかりなので、それを変える難しさはありました。

越智　日ノ本は、ある意味特殊な環境ですからね。

田邊　休みを多くとると、「寮に入ってまでサッカーをしているんだから、休みはいらないです」という子もいました。ちゃんと理由を説明すれば納得してくれるんですけど、「休んでる場合じゃありません！」とこちらが怒られるぐらいでしたから。でも、ノジマに来たら「テスト期間中なので休ませてください」という子がいたりして、よくよく聞くと、勉強とサッカーを両立させると、テスト期間中は睡眠時間が2、3時間しかないと。それを聞いて、体を壊したら元も子もないので、休みを与えたことがありました。指導の環境を見ても、日ノ本とは全然違いますね。

今後のお互いに期待すること

田邊　越智さんには、ひとつのチームにとどまらず、広い意味で教育者にきっかけを与える人になってほしいです。サッカーの指導というよりも、教育。大人を変えてください。

越智　そのつもりです。

田邊　大人が変わらないと、子どもは変わらないですから。

越智　やりたいことがあって、母校の日本体育大学で授業をしたいんです。日体大には、全国から運動が得意な人が集まって、体育の先生になるための勉強をしています。その中に、体育が苦手な人はいません。でも実際の学校現場では、体育が苦手な子どもが6割ぐらいいます。先生になると、そういう子たちを教えることになるんだよと言いたいです。日体大は生徒同士でする体育の授業のレベルも高いし、球技大会がインターハイぐらいのレベルですから。でも赴任先の学校には、ボールが怖い子もいれば、スポーツをやったことがない子もいます。

田邊 たしかに、そうですね。

越智 日体大に来る人は、高校時代にスポーツでそれなりの成績を残して、トップダウンの指導を受けてきて、そのやり方が正しいと思っている人たちがほとんどです。そのやり方もあるけど、僕がやっているような方法もあるよと、これから子どもたちの前に立つ、若者たちの前で話をしたいです。週に1回ぐらい大学で授業をしたいので、関係者がこれを読んでいたら、連絡をお待ちしています。

田邊 ノジマがある相模原から日体大は、電車で1時間ぐらいなので、ぜひ練習を見に来てください（笑）。

越智 もちろん。田邊さんは、日ノ本とは違うタイプの子を預かっているので、どうなるか楽しみです。ノジマのU-18から、年代別代表に選ばれる子がたくさん出てくると思います。なでしこジャパンの監督になるために、S級ライセンスを取りに行くと言っていたので、そちらも応援しています。なにせ僕は、サッカーの指導者ライセンスは持っていませんから。田邊さんは王道で、僕は裏道って感じですよね。表と裏なので、お互いに刺激を与えられるのかもしれません。

田邊　将来的に、なでしこジャパンの監督になるぐらいのつもりで、日々を過ごさないといけないと思っています。お互い、頑張りましょう。

越智　はい。ありがとうございました。

〈終わりに〉

大した経験、実績もない僕の著書を購入してくださった方に、御礼を申し上げます。

僕の指導スタイルが正解ではなく、正しいとも限りません。

皆様方が行っている日々の指導も正解で、僕の行っている「仕掛け」も、指導のひとつと言えるかもしれません。

日本体育大学を卒業し、体育の教員免許を取得して、指導現場に立つようになりました。

そして、子どもたちと向き合うようになってから、気づいたことがありました。

子どもたちの心の中の状態はそれぞれ違うこと。

ほんの少し言い回しを変えるだけで、深く伝わったり、やる気に満ち溢れてくること。

そのような体験を経て、自分にはもっと出来ることがあるのではないか？　と追求し、実践する日々が始まりました。

大人が学び、多くの手法を持ち合わせることで、一人ひとり違う子どもたちや、日々、様相を変えていくチームへのアプローチが変わります。それが結果として、良い方向へと導くことにつながると信じています。

今回は、本という形で僕の考えをまとめさせていただきましたが、一人ですべてを成し遂げたわけではありません。

かつては若さと勢いに任せた指導をしたことで、子どもたちを苦しめたこともあったと思います。

褉というわけではありませんが、僕のもとで何かを学びたいと来てくれた子どもたちに対して、精神的にも身体的にも過度なストレスを掛けず「あれっ？　成長してる？」と後から気づいてもらえるような雰囲気の中で、日本一への挑戦を続けていきたいと思っています。

本にも記しましたが、塩釜FCの小幡忠義さん、聖和学園女子サッカー部の国井精一先生にお会いし、指導スタイルに衝撃を受けました。また、畑喜美夫先生のボトムアップ理論を学び、子どもたちの可能性にアプローチするきっかけを与えていただきました。

ライバルでもあり、信頼できる同志でもある、元日ノ本学園・田邊友惠先生との出会いも大きく、ライバルを越えて成長しあえる関西女子高校サッカー界の雰囲気作りをしてくださった大商学園、竹内周先生にも感謝しております。

チーム作りの肝として、チームビルディングの第一人者・福富信也氏には、いつも突然の押しかけにも関わらず、快く受け入れていただき、いろいろなことを教えてもらいました。

なでしこリーグ、バニーズ京都SCのGM就任に際し、越智のマネジメントを評価してくださり、登用してくださった成基コミュニティグループ代表の佐々木喜一氏には、ビジネス界のイロハと物事の考え方の形を教えていただきました。

大木武氏は男子も女子も関係ないとばかりに、持っている知識と経験を、惜しげもなく、全力でオープンにしてくださったことに感謝しております。

京都精華学園（京都精華女子高校より改名）には、16年もの間、非常勤講師として勤務しながら、女子サッカーの指導に携わらせていただいております。

山本綱義校長は全国や関西の私学連合会の要職を務めながら、授業後にはジャージに着替え、バスケットボール部の指導をされています。

中高とも強豪に育て上げ、2019年には創部間もない男子中学バスケットボール部の日本一を、陰ながら支えてくれました。

僕の指導方法とは対極的に取られがちですが、方法は違えど、「子どもファースト」の想いは同じとばかりに、越智のスタイルやマネジメントを暖かい目で見守って頂いたからこそ、現在のサッカー部と僕のいまがあると感謝しております。

最後になりましたが、このような機会を与えていただきました、スポーツライターの鈴木智之氏、竹書房の柴田洋史氏に感謝申し上げます。

今後はいま以上に子どもたちと全力で向き合いながら、教員やスポーツ指導を目指す学生たちに、多くの手法をお伝えできる機会や、企業のチームビルディングにも挑戦していきたいと思っています。

そして、このトンチンカンで奇妙な僕に呆れながらも、全力で楽しみ、結果も残してくれた京都精華女子時代からの教え子たちに、最大の感謝を述べたいと思います。そしてみんな、早く結婚しろよと切実に願っております（笑）。

子どもたちが楽しく人生を歩んでいくために、大人が変わっていきましょう！

令和二年八月二十日
（46回目の誕生日です…）
越智健一郎

京都精華学園高校女子サッカー部監督
越智健一郎（おち・けんいちろう）

1974年生まれ。愛知県出身。愛知県立瀬戸高校から日本体育大学へ進学。愛知県の高校で２年間講師を務めた後、京都精華女子高校（現・京都精華学園高校）へ赴任し2006年サッカー部創部、監督就任。既成の概念にとらわれずサッカーの楽しさと勝負を両立させ、2012年度全国高校選手権で3位、2014年度インターハイで準優勝に導いた。選手個々の技術の高さと確かな判断力をベースにした魅力的なサッカーは女子高校サッカー界で異彩を放っている。現在、なでしこリーグ２部のバニーズ京都SCでゼネラルマネージャーも兼任。
HP: http://www.Ochiken.com/

サッカーを楽しむ心を育てて勝つ
京都精華学園高校のマネジメント術

2020年9月9日初版第1刷発行

著　　者　越智健一郎

発 行 人　後藤明信
発 行 所　株式会社 竹書房
〒102-0072
東京都千代田区飯田橋2-7-3
TEL03-3264-1576（代表）
TEL03-3234-6301（編集）
http://www.takeshobo.co.jp
印 刷 所　共同印刷株式会社

Printed in JAPAN

ISBN978-4-8019-2389-8

『興國高校式Jリーガー育成メソッド』

「勝利」よりも「育成」

毎年のようにプロから声が掛かる尖った人材を育む育成哲学に迫る

高い個人技と個人戦術、チーム戦術を融合させた攻撃的なスタイルで「関西のバルサ」と呼ばれている大阪の興國高校。毎年のようにJリーガーを輩出し、今や各方面で注目を集めている同校・内野監督の独自のトレーニング方法や育成メソッドだけでなく、教育哲学、チームマネージメント術…この本では隠すことなくすべてお伝えしています。

大阪・興國高校サッカー部監督・内野智章
四六判並製200ページ／定価:本体1,600円+税

『技術で応えられるサッカー選手を育てる中央学院高校の教えすぎない育成哲学』

磨き抜かれたテクニックを武器に激戦区・千葉で異彩を放つ技巧派軍団中央学院高校サッカー部の「挑戦」

市立船橋や流通経済大柏といった強豪がひしめき、レベルの高い千葉県高校サッカー界において、個人技・個人戦術にこだわったサッカーで注目を集めている中央学院高校。いまだ全国の舞台には立てていないが、「見て楽しい、やってて楽しいサッカー」を実践し、近年はプロ注目の選手を輩出している。そんな中央学院の教えすぎない選手育成哲学に迫る!

千葉・中央学院高校サッカー部監督・濵田寛之
四六判並製200ページ／定価:本体1,600円+税